SUPPLÉMENT

AU CATALOGUE RAISONNÉ

DES

PLANTES VASCULAIRES DES ENVIRONS DE PARIS,

PRÉCÉDÉ D'UNE

Réponse au livre de M. Mérat, intitulé Revue de la Flore Parisienne,

PAR

E. COSSON et E. GERMAIN,

ACCOMPAGNÉ

d'une Lettre au sujet de la Revue de la Flore Parisienne, et
d'une Réponse à un article de M. Mérat,

Par M. A. BOREAU,

Directeur du jardin botanique d'Angers, auteur de la Flore du
centre de la France, etc.

PARIS,

FORTIN, MASSON ET Cie, LIBRAIRES,

PLACE DE L'ÉCOLE-DE-MÉDECINE, 1.

MÊME MAISON, CHEZ L. MICHELSEN A LEIPZIG.

1843

SUPPLÉMENT

AU

CATALOGUE RAISONNÉ

DES

PLANTES VASCULAIRES DES ENVIRONS DE PARIS.

Imprimerie de HAUQUELIN et BAUTRUCHE, rue de la Harpe, 90.

SUPPLÉMENT
AU
CATALOGUE RAISONNÉ
DES
PLANTES VASCULAIRES DES ENVIRONS DE PARIS,

PRÉCÉDÉ D'UNE

Réponse au livre de M. Mérat, intitulé Revue de la Flore Parisienne,

PAR

E. COSSON et E. GERMAIN,

ACCOMPAGNÉ

D'une Lettre au sujet de la Revue de la Flore Parisienne, et d'une Réponse à un article de M. Mérat,

Par M. A. BOREAU,

Directeur du jardin botanique d'Angers, auteur de la Flore du centre de la France, etc.

PARIS,

FORTIN, MASSON ET Cie, LIBRAIRES,

PLACE DE L'ÉCOLE-DE-MÉDECINE, 1.

—

1843
1844

TABLE DES MATIÈRES.

Appréciation du livre intitulé *Revue de la Flore Parisienne* 7

Réponse à un article de M. Mérat, par M. A. Boreau. . . 19

Lettre adressée par M. A. Boreau, au sujet de la *Revue de la Flore Parisienne,* à M. C. Saul 25

Réfutation de quelques-unes des attaques de M. Mérat au sujet de notre *Catalogue raisonné.* 41

Supplément au Catalogue raisonné des plantes vasculaires des environs de Paris. 73

APPRÉCIATION

DU LIVRE INTITULÉ

REVUE DE LA FLORE PARISIENNE.

Le *Catalogue raisonné des plantes vasculaires des environs de Paris*, que nous avons publié l'année dernière (1), a donné occasion à M. Mérat, auteur d'une Flore Parisienne, d'écrire un volume in-octavo en manière de réfutation de notre brochure. — M. Mérat avertit d'abord ses lecteurs qu'il aurait méprisé ce qu'il appelle nos

---

(1) Introduction à une Flore analytique et descriptive des environs de Paris, suivie d'un catalogue raisonné des plantes vasculaires de cette région, par E. Cosson, E. Germain, et A. Wedell. Paris, 1842. Chez Fortin, Masson et Cie, place de l'École-de-Médecine, 1.

attaques, si l'intérêt de la science n'eût exigé une réponse. Pour nous, nous devons dire que son libelle nous paraît d'une si mince valeur scientifique, que nous n'eussions certainement pas daigné y répondre s'il n'eût employé contre nous les armes de la calomnie ; le mépris le plus absolu eût suffisamment fait justice des injures grossières qui nous y sont prodiguées. — M. Mérat, à qui le manque de concurrents pendant une longue suite d'années avait inspiré la sécurité la plus complète, n'a pu maîtriser sa fureur en nous voyant arriver sur un terrain qu'il s'était habitué à regarder comme sa propriété, oubliant que l'emportement auquel il se livrait était de nature à faire penser que nous avons rencontré juste dans les critiques que nous avons pris la liberté de faire de son livre. Au reste, si notre écrit a allumé chez M. Mérat une colère qu'il n'a pas cherché à dissimuler, son libelle a produit sur nous un effet bien différent, et nous aurions mauvaise grâce à répondre avec trop d'aigreur à un livre qui nous a fait passer, à nous et à nos amis, quelques joyeux instants.

Dans les deux ouvrages que nous avons déjà publiés sur les plantes des environs de Paris (*Observations sur quelques plantes critiques* (1) et *Catalogue raisonné*), nous ne pouvions nous dispenser de relever les erreurs de nos devanciers, non dans le but de déprécier leurs productions, mais tout simplement afin de nous rendre utiles

---

(1) Observations sur quelques plantes critiques des environs de Paris, par E. Cosson et E. Germain. Paris, 1840. Chez Bouchard-Huzard, rue de l'Éperon, 7, et chez Fortin, Masson et Cie, place de l'École-de-Médecine, 1.

à ceux qui s'intéressent aux progrès de la botanique ; et bien que la concision à laquelle nous obligeait la nature de notre travail ne nous permît pas l'usage des périphrases, nous avons toujours employé un langage digne et modéré. Si parfois nous avons aiguisé nos remarques de quelque trait piquant, nous croyons ne nous être jamais écartés des bornes de la plus stricte bienséance ; il y a plus, loin de ne chercher dans l'ouvrage de notre antagoniste que des armes contre lui, nous avons évité de nous appesantir sur ce qu'il peut présenter de défectueux sous le point de vue scientifique, et les questions d'espèces sont les seules que nous ayons voulu débattre, mettant surtout en dehors la personne de l'auteur dont nous n'avions alors, du reste, aucun motif de nous occuper. — Aujourd'hui notre rôle se trouve changé par suite des attaques violentes auxquelles M. Mérat s'est livré contre nous, et tout en conservant, autant que possible, les plus grands ménagements de langage, forts de notre bon droit et de notre loyauté, nous n'hésiterons pas à creuser le sujet plus avant.

Nous commencerons par exposer quelques-unes des assertions calomnieuses dont l'auteur se montre assez libéral, non seulement envers nous, mais envers tous les botanistes dont les travaux ont pu lui faire ombrage ; il suffit même, pour encourir ses anathèmes, de nous avoir témoigné quelque bienveillance.

M. Mérat entre en matière en déclarant que nous avons publié notre *Introduction à une Flore analytique et descriptive des environs de Paris dans des vues intéressées*; il répète, p. 18, que nous sommes venus l'attaquer (c'est-à-dire travailler le même sujet que lui) *dans des vues intéressées et peu honorables;* et p. 63 : *si MM., au lieu de vues hostiles et intéressées*, etc. — Nous comprenons difficilement comment les vues intéressées que nous prête M. Mérat auraient pu trouver à se satisfaire dans la distribution que nous avons été heureux de faire de notre brochure. Quant aux vues intéressées et peu honorables de M. Mérat, nous aurions trop à dire pour vouloir aborder un tel sujet....

M. Mérat couronne son pamphlet par un trait qu'il a dû puiser à l'école de *Bazile*, lui qui témoigne dans sa critique d'une si profonde érudition littéraire ; il imagine de nous reprocher d'avoir attaqué dans nos brochures les savants les plus recommandables et dont nous respectons le plus l'autorité, peut-être parce que nous avons pu nous trouver en dissidence avec quelques-uns d'entre eux dans notre synonymie. Nous ne connaissons pas d'expressions capables de stigmatiser de si odieuses inventions; croirait-on que, tout en se faisant si gratuitement le champion de professeurs dont nous nous faisons gloire d'être les élèves, M. Mérat prétende que ces Messieurs n'ont pas entrepris d'exécuter une Flore des environs de Paris parce qu'ils en connaissaient toute la difficulté !

Après s'être efforcé de noircir notre caractère, en nous représentant comme écrivant dans un but mercantile et attaquant sans discernement les maîtres de la science, au nombre desquels M. Mérat n'hésite pas à se placer, il ne craint pas, afin de pouvoir nous taxer d'une grossière ignorance, de nous attribuer des solécismes de son invention. Nous parlons dans notre *Catalogue*, p. 144, du *Brachypodium ramosum* (R. et Sch.); M. Mérat, p. 105, suppose que nous l'appelons *Bromus ramosum*, afin d'avoir à nous apprendre que l'on doit dire *Bromus ramosus.....*

M. Mérat, p. 83, cite encore la phrase suivante comme nous appartenant : « Les *Orchis galeata* et *fusca* font double emploi dans la Flore de M. Mérat. » Il ajoute : « Tel est l'arrêt suprême de MM. ! » etc. On peut lire dans notre *Catalogue*, p. 121 : « Les *Orchis galeata* et *mi-* « *litaris* font double emploi dans la Flore de M. Mérat. »

M. Mérat trouve plaisant de nous prêter l'ingénieuse idée d'un *Flora mundi*, sous prétexte qu'il a entendu parler de notre projet de nous occuper plus tard d'une *Flore de France ;* cette niaiserie doit être reléguée avec tant d'autres de même valeur.

Nous ne savons si nous devons parler d'une allégation non moins calomnieuse que les précédentes. M. Mérat affirme avec un aplomb imperturbable, p. 46, que *les plantes que nous ne connaissons pas, les mauvaises herbes*, nous sont nommées par M. G**. Certes nous avons été heureux de prendre en plusieurs occasions l'avis de M. G***, l'un des botanistes les plus érudits et les plus éclairés, et nous comptons bien avoir souvent encore recours à ses lumières et à son expérience ; mais, depuis plusieurs années, grâce à Dieu et à nos études, les seules plantes phanérogames des environs de Paris que nous ne connaissons pas sont celles que M. Mérat a faussement indiquées ou qu'il a fabriquées de toutes pièces.

De tels exemples pourraient nous dispenser de pousser cet examen plus avant ; nous voulons cependant, pour l'édification de nos lecteurs, le poursuivre encore quelque temps.

M. Mérat s'étend longuement sur l'unique visite que nous lui avons faite, non pas l'année dernière, comme il le prétend, mais bien en 1839, ainsi que le prouve la citation de l'herbier de M. Mérat, dans nos *Observations sur quelques plantes critiques*, publiées en 1840. L'auteur de la *Revue* raconte à ce sujet, p. 2, comment, en moins d'une demi-heure, il nous fut possible de nommer et de classer les espèces et variétés des genres *Carex*, *Mentha* et *Polygala* de son herbier de Paris, sans toutefois avoir à nous reprocher la moindre erreur. Ce travail nous était d'autant plus facile qu'à cette époque nous préparions nos monographies parisiennes de ces plantes, et les ayant exactement déterminées, nous ne pensions pas qu'on pût nous faire un reproche de les avoir parcourues rapidement; notre examen était d'ailleurs d'autant plus *célère* que nous n'ignorions pas que M. Mérat est rarement disposé à montrer de son herbier *autre chose que les cartons*. — Puisque M. Mérat nous met sur ce terrain, nous devons déclarer que nous songions à peine alors à écrire une Flore des environs de Paris. Malgré les nombreuses erreurs que nous avions déjà constatées dans le livre de M. Mérat, nous pensions qu'il connaissait au moins l'ensemble de la végétation des environs de Paris. Quelle ne fut pas notre surprise, en parcourant son herbier, de ne trouver que confusion parmi les plantes les plus vulgaires, représentées d'ailleurs en général par des échantillons incomplets et dans un état de vétusté qui les rendait à peine reconnaissables; du reste, l'auteur de la ci-devant nouvelle Flore Parisienne, n'hésitait pas, malgré *la rapidité de nos déterminations*, à remplacer ses étiquettes par les nôtres dans l'herbier que nous pensions renfermer les types de son ouvrage. A partir de cet instant, nous n'hésitâmes plus à nous occuper sérieusement des plantes de nos environs, et la publication de la *Flore analytique et descriptive* fut décidée.

M. Mérat ne pense pas que le vocabulaire français puisse lui fournir des interpellations assez injurieuses contre nous, et il ne se fait pas faute de les fabriquer au besoin : c'est ainsi qu'il nous donne, p. 104, l'agréable qualification d'*hypercrites*. — Il trouve plaisant de dire, p. 96, à propos du nom du *Carex Hornschuchiana*, un peu barbare il est vrai, mais qui ne nous appartient pas, que nous sommes *hornschuchichiens* dans l'âme. De telles pauvretés sont de tristes arguments à faire valoir; M. Mérat, il est vrai, n'oublie pas de dire que la dignité n'accompagne que le vrai savoir.

La phrase de notre *Catalogue* qui semble avoir le plus offensé M. Mérat, et qui nous a valu les injures dont il est si prodigue à notre égard, est la suivante : « La « *Nouvelle Flore* (1) a donc subi la destinée d'un grand « nombre d'ouvrages de son époque : elle tend à devenir « historique. » Nous pensions nous être montrés aussi réservés que possible dans le jugement que nous portions alors sur la Flore de M. Mérat; nous sommes loin de prédire aujourd'hui un pareil avenir à la dernière publication du même auteur. — Le relevé des erreurs de détermination dont fourmille la Flore de M. Mérat, et

---

(1) Titre de la Flore de M. Mérat, qui a paru pour la première fois en 1812.

que nous avons présenté, en général, sous la forme synonymique, constitue les seules personnalités que l'auteur ait pu nous reprocher ; quant à lui, il a voulu, dit-il, nous prouver qu'on peut *dire les raisons les plus fortes sans nommer les gens ;* or les raisons les plus fortes de M. Mérat sont des injures, et son secret pour ne pas prononcer nos noms est de les mettre en abrégé.

Notre intention n'est nullement d'ouvrir ici une discussion fastidieuse sur les prétendues réfutations de M. Mérat à l'occasion des notes de notre *Catalogue* ; nous laissons au public à juger entre nous. Il y a si peu de bonne foi dans la *Revue*, et les phrases y sont d'ailleurs tellement diffuses et incohérentes, que nous avons vainement cherché le sens d'un grand nombre d'entre elles. — La réponse que nous réservons à M. Mérat, relativement aux questions d'espèces, ne sera autre chose que notre *Flore analytique et descriptive des environs de Paris*, où nous ne pensons pas, du reste, avoir de nombreuses occasions de prononcer le nom de M. Mérat ; la polémique ne devant jamais trouver place dans un ouvrage sérieux.

M. Mérat doute que nous ayons *un bagage suffisant* pour combler les lacunes qui résultent en apparence de la suppression que nous faisons dans la Flore des espèces qui y étaient indiquées par erreur, ou de la réduction au rang de variétés de certaines plantes considérées à tort comme espèces distinctes. — A cela nous répondrons que les espèces que nous supprimons de la Flore, parce qu'elles ne se rencontrent pas dans notre rayon, ne laissent point de lacunes. Quant aux plantes que nous croyons devoir réduire au rang de variétés, la description de l'espèce à laquelle elles se rattachent, modifiée par la phrase caractéristique de la variété, les fait suffisamment connaître, et notre synonymie permet de les conserver comme espèces distinctes aux botanistes qui ne partageraient pas notre opinion à leur égard. Ce reproche est d'ailleurs d'autant moins fondé, que, si nous avons réduit un certain nombre d'espèces au rang de variétés, nous avons admis comme espèces un nombre plus grand encore de plantes considérées comme variétés, ou même non mentionnées dans les anciennes Flores. — Le nombre des espèces nouvelles pour nos environs, dont nous avons fait connaître une ou plusieurs localités, est réellement considérable, relativement surtout à l'opinion généralement assez répandue, qu'il restait sous ce rapport peu de chose à faire aux environs de Paris. — M. Mérat, qui a profité *silencieusement* de nos découvertes pour en grossir sa *Revue*, le sait mieux que personne. Nous ajouterons qu'il était d'autant plus difficile de trouver des espèces non mentionnées, qu'un grand nombre de plantes avaient été indiquées au hasard ou d'après de simples probabilités, et qu'en les découvrant nous paraissions seulement confirmer des indications antérieures. — Le grand nombre d'amateurs et de botanistes instruits et zélés qui nous sont venus en aide pour nos explorations, et les herborisations assidues des auteurs du *Catalogue*, pendant plus de huit années, dans un rayon de 20 lieues, peuvent être opposées, nous le pensons, aux 45 ans pendant lesquels il est évident, d'après son livre, que M. Mérat a si rarement herborisé.

M. Mérat annonce que, ne devant donner que la Phanérogamie, notre Flore sera incomplète. Nous répondrons à M. Mérat qu'il ignore totalement si notre intention est ou non de faire suivre notre Flore des plantes vasculaires d'une Flore des plantes cellulaires. Nous ajouterons qu'il serait facile, même aux personnes les plus étrangères à la botanique, de publier une *Cryptogamie* dans le goût du livre de M. Mérat, ses descriptions étant textuellement copiées ou traduites littéralement dans les ouvrages antérieurs. — Nous devons dire d'ailleurs que les Flores cryptogamiques locales de nos contrées (en en exceptant les régions maritimes et les hautes montagnes), n'offrent que peu d'intérêt sous le point de vue de la distribution géographique, les mêmes espèces pouvant se rencontrer également dans tous les pays de l'Europe; les Flores cryptogamiques françaises ou européennes peuvent donc être appropriées à chaque localité particulière.

M. Mérat parle souvent de *remarques inédites*, qu'il a écrites à l'occasion de la publication de notre brochure intitulée : *Observations sur quelques plantes critiques*. L'auteur ayant renoncé à trouver un éditeur pour ses *Remarques*, voulut cependant nous faire connaître son manuscrit et nous l'adressa par l'intermédiaire de M. W***; nous avons eu soin de mentionner cette communication, page 83 de notre *Catalogue*. — M. Mérat nous reproche aujourd'hui d'en avoir profité *silencieusement*; nous regrettons fort que ce travail n'ait pas paru au grand jour; il eût fait avec avantage le pendant de la *Revue*. Nous ajouterons que le peu de bonne foi des imputations de M. Mérat et le style offensant de ses remarques ont contribué pour beaucoup à la sévérité des observations de notre *Catalogue*.

Il nous reste à répondre à l'une des moins heureuses saillies de M. Mérat. Dans notre *Introduction à la Flore*, après avoir parlé des botanistes arriérés dont les descriptions inexactes témoignent du peu de connaissances organographiques, nous prenons l'engagement d'être sur ce point aussi sévères qu'il nous sera possible. M. Mérat ne nous plaisante-t-il pas à ce sujet, en nous félicitant de ne pas confondre les tiges avec les racines, les fruits avec les graines, etc. Nous acceptons cette félicitation, mais nous n'adresserons pas la même à M. Mérat dont l'ouvrage fourmille de fautes de cette nature, et qui n'a pas voulu voir à quelle adresse allait notre critique; M. Mérat a publié, il est vrai, des *Éléments de botanique à l'usage* (dit le titre) *des cours du Jardin du Roi*. Ce qu'il y a d'organographie dans la Flore de M. Mérat nous rend peu désireux de connaître ses *Éléments* que nous n'avons, du reste, rencontrés entre les mains de personne.

Nous devons une mention au travail qui suit la diatribe de M. Mérat, sous le titre de *Revue de la Flore Parisienne*. Ce travail, moins les *grossièretés*, est à la hauteur de la partie précédente; du reste, les espèces et les localités nouvelles indiquées dans ce supplément sont à peu de chose près puisées, sans que l'auteur en ait fait connaître la source, dans notre *Catalogue raisonné;* quelques-unes des espèces trouvées depuis la publication de notre *Catalogue*, par nous ou nos amis, sont également arrivées à la connaissance de M. Mérat; enfin un assez grand nombre sont indiquées par erreur de déter-

Nous dirons en terminant que M. Mérat peut maintenant nous injurier à loisir, nous prenons l'engagement de ne plus y prendre garde ; nous doutons fort que le public s'en occupe plus que nous. Nous conseillons cependant à M. Mérat d'être plus sobre de calomnies !....

RÉPONSE A UN ARTICLE DE M. MÉRAT,

Par M. A. BOREAU.

———

La Biographie universelle de Michaud (tome 73, 18ᵉ du supplément, p. 452, Paris 1843), contient une notice de M. le docteur Mérat, sur son aïeul Laurent Germain Mérat, d'Auxerre. Il paraîtra peut-être assez indifférent que M. Mérat ait grossi cette volumineuse collection de la biographie d'un homme inconnu jusqu'alors; mais ce qui est plus difficile à comprendre, c'est qu'il ait cru honorer son ancêtre, en attaquant un homme qui n'avait jamais blessé les convenances dans les relations qu'il avait eues avec lui.

Si M. Mérat n'eût attaqué que mon livre, je m'abstiendrais de lui répondre: celui qui se livre au jugement du public doit savoir accepter les critiques même injustes; mais je ne puis garder le silence en présence d'assertions qui tendent à m'accuser de mauvaise foi et d'indélicatesse, lorsqu'il m'est si facile de démontrer qu'elles sont entièrement mensongères.

M. Mérat, après avoir dit que L. G. Mérat, auteur d'un *species* universel des plantes connues, resté inédit, a laissé aussi un manuscrit intitulé: *Histoire des plantes qui croissent dans le comté Auxerrois, ouvrage qui renferme plus de trois mille plantes et qui est propre à un rayon de 5 à 6 lieues autour d'Auxerre*, ajoute: « Les travaux de Mérat, bien qu'inédits, n'ont point « été inutiles à la science. M. Boreau, auteur d'une « Flore centrale de la France, publiée à Paris en 1840,

« 2 vol. in-8°, en a profité pour la composition de son
« ouvrage : la Flore Auxerroise lui ayant été commu-
« niquée par l'auteur de cet article, il y a pris *l'ha-*
« *bitation* de la plupart des plantes des environs
« d'Auxerre et de la portion du département de la Nièvre
« qui en est voisine ; quoiqu'il ait jeté quelques doutes
« sur la sûreté de l'indication de quelques-unes d'entre
« elles, et qu'il ait reproché à ce religieux scrutateur
« de la nature, d'avoir admis dans son travail quelques
« plantes cultivées, on ne saurait justifier M. Boreau
« de s'être exprimé avec si peu de reconnaissance sur
« un botaniste qui avait herborisé 60 ans dans un pays
« où lui avait à peine passé, et dont il a tant profité,
« car nous avons vérifié que la plupart des habitations
« de L. G. Mérat sont dans l'ouvrage de M. Boreau. »

Il résulte de cette accusation que j'ai composé une partie de la Flore du Centre à l'aide du manuscrit de Mérat, et que, pour me dispenser d'en témoigner ma reconnaissance, j'ai outragé la mémoire de l'auteur qui m'avait fourni de si précieux documents. Il paraîtra bien étonnant qu'ayant le dessein de commettre un tel plagiat, je n'aie pas gardé un silence absolu sur la communication qui m'avait été faite du Botanicon Auxerrois.

Loin de là, j'ai consacré un article biographique à son auteur (Flore du Centre, tome 1, p. 42) ; j'ai cité son livre parmi les sources que j'avais consultées, mais la lecture de ce manuscrit ne m'ayant pas inspiré toute confiance, j'ai exposé les motifs qui m'empêchaient d'en faire usage. « Cet ouvrage, ai-je dit, serait fort recom-
« mandable si toutes les plantes qu'il énumère appar-
« tenaient aux environs d'Auxerre, mais l'auteur, qui
« avait beaucoup observé, se plut à entasser dans ce
« livre un grand nombre de plantes étrangères à cette
« contrée, et même des espèces exotiques auxquelles

« il assigne des localités particulières, soit par suite
« d'erreurs de détermination, soit plutôt parce qu'il les
« avait semées ou plantées aux lieux qu'il indiquait. Ces
« additions mensongères nous ont empêché d'admettre les
« indications contenues dans ce manuscrit ; mais il nous a
« pourtant été utile, en nous faisant connaître les loca-
« lités qu'il convenait d'explorer de préférence, et les
« recherches que nous y avons faites ont souvent été
« couronnées de succès. Malgré ce grave défaut, Mérat
« n'en doit pas moins être considéré comme le créateur
« de la Flore d'Auxerre, et son travail pourrait être utile
« aux botanistes qui, dans la suite, feront dans cette
« contrée des recherches plus prolongées ; mais ces in-
« dications ne devront être admises qu'à titre de ren-
« seignements sujets à vérification. »

Si ce jugement, dicté par l'amour de la vérité, paraît sévère, du moins devra-t-on reconnaître qu'il est exprimé avec convenance. Il nous reste à voir si l'examen que j'ai fait du manuscrit le motivait suffisamment.

Je ne sais si ce livre renferme plus de trois mille plantes, comme le dit M. Mérat (ce qui doit paraître bien surprenant pour une Flore de 5 à 6 lieues de rayon). Il est certain qu'il en énumère un grand nombre ; mais la plupart ne sont accompagnées d'aucune indication positive, l'auteur se contente de dire qu'elles se trouvent dans les bois, les prés ou les champs. J'ai dû nécessairement ne tenir aucun compte de renseignements aussi vagues, je me suis contenté de prendre note des espèces auxquelles l'auteur avait assigné des localités spéciales ; or je puis affirmer que ces dernières dépassent à peine le nombre de soixante, et parmi ces soixante espèces plus ou moins remarquables, dont mes notes font mention comme offrant un gisement qui pouvait intéresser la Flore du Centre, il en est qui devront paraître bien extraordinaires aux botanistes qui ne sont pas étrangers aux plus simples notions de géographie botanique. J'en citerai quelques-unes avec leurs localités, qui prouveront qu'il ne s'agit pas, comme l'a dit M. Mérat, *de quelques plantes cultivées.*

Sida Abutilon. — Moulins du ruisseau de St-Martin.
Digitalis ferruginea. — Environs de Toury, Saint-Sauveur, etc.
Brunella hyssopifolia. — Partout.
Melissa grandiflora. — Bois, rochers.
Menispermum Canadense. — Parc de Mailly-le-Château, bois de Tourbernai.
Sempervivum globuliferum — Roches de Mailly-le-Château.
Hypericum Ascyrum. — Bois de Tourbernai.
Saxifraga Cotyledon. — Roches de Mailly-le-Château.
— *autumnalis.* — Idem.
Spiræa Aruncus. — Ruisseau de Rantôme.
Astrantia major. — Mailly-le-Château.

Il est possible que de telles indications paraissent suffisamment exactes à M. le docteur Mérat, la *Flore Parisienne* en offrant d'à peu près analogues; mais je demanderai à tout botaniste instruit, si je n'eusse pas été bien coupable de les admettre dans la *Flore du Centre*? si je n'étais pas fondé en raison de les traiter de mensongères, et si, enfin, je pouvais avoir une entière confiance dans les autres indications qui ne me semblaient que probables? Je dois faire observer ici que je n'avais aucun moyen de vérification : ce botaniste auteur d'une Flore locale et d'un *species* universel ne possédait pas d'herbier, il n'en a pas laissé ; à moins qu'on ne suppose qu'il est de tradition dans cette famille de convertir en espèces sonnantes les herbiers et les bibliothèques.

Si quelques-unes des indications de la *Flore du Centre* se rencontrent avec celles du manuscrit, c'est uniquement d'après les recherches que j'ai faites dans ces localités, et surtout d'après celles de mon ami et très habile collecteur M. Casimir Saul ; nos journaux d'herborisations et les échantillons conservés dans nos herbiers en fourniront la preuve. D'ailleurs une copie du Botanicon Auxerrois existe à la bibliothèque de la ville d'Auxerre ; il sera possible de reconnaître quels points de contact il peut avoir avec la *Flore du Centre*. Je désire qu'un botaniste veuille bien faire cette enquête.

Personne n'a donc le droit d'avancer que les *habitat* des plantes d'Auxerre sont pris dans le manuscrit de Mérat ; il est encore plus faux de prétendre que j'y ai puisé des documents relatifs au département de la Nièvre, puisque ce livre n'en contient aucun, et que la Nièvre se trouve placée en dehors du rayon que M. Mérat attribue lui-même à la Flore de son aïeul. Je puis donc en toute raison regarder ces assertions comme calomnieuses.

Maintenant je me demande si la seule piété filiale a inspiré M. le docteur Mérat dans la rédaction de sa notice. Ce fécond écrivain n'aurait-il pas quelque autre grief à me reprocher ? En descendant dans ma conscience, j'en trouve quelques-uns dont je dois humblement faire confession.

En 1836 M. Mérat me communiqua, pour servir à la rédaction de la *Flore du Centre*, une liste de quelques plantes qu'il avait observées près Decise (Nièvre). Malgré la confiance que devaient inspirer les lumières de l'auteur de la Flore Parisienne, je ne tins aucun compte de cette note, et je ne crus pas devoir admettre sur parole des indications parmi lesquelles figuraient des plantes telles que le *Sisymbrium strictissimum*, le *Salix rosmarinifolia*, et d'autres que personne, excepté M. Mérat, n'a jamais su apercevoir dans la Nièvre.

Le second grief a sans doute beaucoup plus d'importance : lorsque la *Flore du Centre* parut, MM. les professeurs du Jardin du roi et de la Faculté des sciences de Paris (juges compétents sans doute) crurent devoir la recommander spécialement à leurs élèves, et ceux-ci s'aperçurent bientôt qu'ils retiraient plus de fruit d'un livre consciencieusement élaboré, que d'une indigeste compilation. La *Nouvelle Flore Parisienne* qui sommeillait mollement sur l'espoir d'une cinquième édition ressentit aussitôt l'effet de cette préférence. *Inde iræ* !

Enfin un troisième grief ne laisse pas que d'avoir encore une certaine gravité : M. Mérat sait que j'entretiens des relations amicales avec MM. Cosson et Germain ; or ces botanistes, dans leur *Introduction à une Flore des environs de Paris* (1842), ont fait subir à la Flore de M. Mérat une épreuve si terrible qu'il est douteux qu'elle s'en relève jamais ; ils ont osé (tant ils sont amis de la vérité) déclarer cette Flore passée définitivement à l'état fossile, et tout porte à croire qu'ils ne tarderont point à prononcer sur elle un dernier et funèbre *requiescat*.

Tant de causes réunies ont pu, à juste titre, exciter le courroux du docteur parisien ; mais un homme qui passe pour avoir cultivé les sciences ne devrait-il pas avoir assez de respect de lui-même, pour ne pas descendre à des insinuations si mensongères et si malveillantes ?

A. BOREAU.

Angers, 15 Août 1843.

LETTRE ADRESSÉE PAR M. A. BOREAU,

AU SUJET DE LA

REVUE DE LA FLORE PARISIENNE,

A M. C. SAUL.

Mon cher ami,

Je vous ai entretenu de l'attaque que M. Mérat avait cru devoir me livrer, et de la réponse que je me proposais de lui adresser ; j'étais loin de penser qu'avant même que cette réponse fût prête, de nouvelles injures me seraient lancées. Je ne puis encore m'expliquer cet acharnement d'un homme avec lequel je n'ai eu que des relations fort bornées, et que je n'ai jamais eu l'intention de blesser en aucune manière. Il faut que la jalousie du métier soit bien prononcée chez ce pauvre bon homme, pour que sa bile se soit ainsi échauffée et qu'il l'ait déversée, tout à la fois, dans son article de la Biographie (1) et dans la *Revue de la Flore Parisienne* qu'il vient de publier.

Comme la connaissance que vous avez de la Flore de M. Mérat ne vous donnera sans doute nulle envie d'en aborder le supplément, vous ne me saurez pas mauvais gré de vous entretenir de cette nouvelle publication, à condition pourtant que vous me permettrez de ne pas prendre au sérieux les gentillesses qu'elle contient.

---

(1) Article publié par M. Mérat sur son aïeul L. G. Mérat, pharmacien à Auxerre, dans la Biographie de Michaud. (Voir la réponse de M. Boreau à cet article, p. 19).

Vous connaissez l'*Introduction à une Flore des environs de Paris*, publiée en 1842, par MM. Cosson, Germain et Weddell : dans cette brochure, les auteurs crurent devoir présenter le catalogue général de tout ce qu'ils avaient observé aux environs de Paris, et de ce qui y était indiqué, à tort ou à raison, en faisant connaître leurs doutes, afin de ne plus revenir sur ces objets ncertains. Ces doutes ont semblé un crime de lèse-majesté à M. Mérat ; il a senti vaciller le piédestal sur lequel il s'était posé, et il s'est décidé à prendre a plume, pour terrasser ses adversaires. — Aux grands maux, les grands remèdes : M. Mérat est partisan des masses compactes, et, pour écraser cette pauvre petite brochure, il lui lance à la tête un gros volume in-octavo de 488 pages!

De mauvaises langues ont souvent répété que M. Mérat n'est qu'un compilateur, que ses ouvrages sont faits de toutes pièces avec d'autres livres. Cette fois, il aura répondu victorieusement à ces calomnies; il nous donne du Mérat tout pur. Délicatesse de style, connaissance parfaite des règles de la langue française, et surtout talent botanique, tout atteste que l'auteur n'a puisé que dans son propre fonds; jamais, jusqu'ici, il ne s'était peint d'une manière aussi naturelle.

Le verso du titre nous apprend que l'auteur a beaucoup écrit sur la botanique, sur la colique, sur le ver solitaire, et surtout sur les drogues; mais rien, jusqu'à présent, ne nous donnait lieu de penser qu'il fût capable d'aborder le genre facétieux ; l'étonnement croît à chaque page, et l'on reste enchanté de la souplesse de talent avec lequel il passe du plaisant au sévère.

M. Mérat trouve que la brochure qu'il réfute *s'exprime en termes incivils, grossiers même et qui ont révolté les personnes qui ont le sentiment des convenances sociales* (1) ; il regarde, au contraire, comme ses *vrais amis* les personnes qui lui présentent leurs avis, *avec cette convenance qui décèle l'homme bien élevé, qui a la dignité inséparable du vrai savoir*. Aussi, pour apprendre à vivre à ces *incivils jeunes gens*, il leur prodigue une série d'épithètes aussi gracieuses que spirituelles. Ce sont des *aristarques*, des *détracteurs*, des *redresseurs de tort*, des *frondeurs*, des *jeunes maîtres*, des *jeunes docteurs*, des *rectificateurs*, des *antagonistes*, des *trinitaires*, des *contempteurs*, des *critiques malencontreux* et *fieffés*, des *adversaires*, des *juvéniles auteurs*, des *néophytes*, des *aspirants*, des *contradicteurs*, des *concurrents*, des *envieux*, de *jeunes mentors*, des *accusateurs publics*, des *opposants*, des *associés jouvenceaux*, des *Jupiters tonnants*, des *éclaireurs*, des *englobeurs*, des *triumvirs*, des *cataloguistes*, des *sorciers*, des *hypercrites* (!), des *hornschuchichiens*, des *Omars*, etc. Ils sont d'une *impolitesse caractéristique*, remplis de *légèreté*, de *fatuité*, d'*impertinence*, *pétris d'inconséquence*, convaincus de *girouettisme*, leur *pamphlet* est rempli de *personnalités odieuses*, ils sont *momifiés*, ils forment un *trio botaniste*, leur *talent* est *célère*, leurs correspondants

---

(1) Les mots en lettres italiques sont extraits textuellement de la *Revue*.

sont des *Russes* et des *Allobroges*..... Vous le voyez, ces Messieurs reçoivent ici une leçon qu'ils ne perdront jamais de vue ; ils apprendront de M. Mérat à n'employer désormais que des expressions justifiées par le bon goût et acceptées par les hommes de bonne société.

Il est surtout un passage où M. Mérat déploie une force de logique, une justesse de raisonnement qui devra réduire ses adversaires au silence. Vous me reprochez, leur dit-il, d'avoir admis dans ma Flore des espèces que personne n'a jamais trouvées, mais ce reproche ne peut m'atteindre, il retombe tout entier sur Tournefort, Vaillant, Dalibard et Thuillier, aux quels j'ai emprunté ces espèces ; je ne suis pas certain, il est vrai, d'avoir bien interprété leurs synonymes, je ne me suis point occupé de voir les types de leurs collections, je n'ai point été sur les lieux vérifier leurs indications ; mais qu'importe ? puisque, malgré cela, j'ai vendu 10,000 exemplaires de cette Flore à *ce sot public qui s'est abusé pendant trente ans*. Vous dites que mes descriptions sont inexactes, à d'autres ! s'il vous plaît ; j'admets en principe que c'est *un devoir* de copier des phrases botaniques toutes faites, en sorte que votre blâme ne peut me toucher, il va tout droit à l'adresse des auteurs que j'ai copiés. Vous signalez des caractères importants que j'ai négligés, mauvais plaisants que vous êtes ! ignorez-vous qu'à l'époque où ma Flore vit le jour, le *Synopsis* de Koch n'était pas paru, et que je ne pouvais alors lui emprunter ces caractères ? Est-ce donc que vous me croyez obligé d'étudier la nature ? Tenez donc désormais pour bien démontré que mes indications sont empruntées à mes devanciers, et mes descriptions copiées plus ou moins littéralement, comme c'était *mon devoir*. Vainement vous vous vanterez d'avoir vu les plantes de mon herbier, ces plantes ne prouvent rien ; un botaniste de ma trempe n'a pas de types, il ne peut en avoir, et dans certaine collection que vous pourriez consulter, il n'y a qu'une *seule plante* dont je puisse garantir l'identité, c'est une *Centaurée* que j'y ai *mise à foison*. —Voilà en substance les naïfs aveux dont M. Mérat se fait un moyen de défense, et tel est l'empire de la vérité, que personne n'osera le contredire sur ce point. Il ne donne pas, il est vrai, de preuve directe de ce qu'il avance, mais je puis vous en administrer une. J'ouvre au hasard la *Flore Parisienne*, et, tombant à la page 463 du tome premier, j'y trouve la description du *Polytrichum aloïdes* ainsi conçue : « Tiges courtes ; feuilles linéaires-« lancéolées, obtuses, à bords planes, dentées en scie « au sommet ; capsule presque dressée, cylindrique, *des-« tituée* d'apophyse. Dans les bruyères et les sapinières. » Je trouve maintenant, à la page 546 du *Botanicon* de Duby (publié six ans avant la Flore de Paris), le même *Polytrichum* décrit ainsi : « Caulibus brevi-« bus, foliis lineari-lanceolatis obtusis margine planis « apice serratis, capsulâ suberectâ cylindricâ apo-« physi destitutâ. In ericetis et abietinis. » — N'admirez-vous pas avec quelle religieuse exactitude M. Mérat remplit *ses devoirs* ? pas un mot de plus, pas une syllabe de moins chez lui que dans l'auteur qu'il traduit littéralement ! Aussi M. Mérat est-il très-fier de sa Cryptogamie, il blâme amèrement ces *Messieurs* de ne pas l'admettre, il a un faible pour la Cryptogamie, et il en a bien le droit, après les peines infinies qu'il s'est données pour traiter cette partie d'une manière aussi neuve et aussi supérieure.

M. Mérat reproche aux auteurs du Catalogue de l'avoir *attaqué dans des vues intéressées et peu honorables*. Si l'intérêt avait dirigé leur plume, je me joindrais sincèrement à ce reproche; rien ne me semble si odieux que de trafiquer des choses de la science et de la cultiver seulement pour de l'argent; l'indignation de M. Mérat me semblerait en ce cas bien légitime, et pour inspirer à nos jeunes floristes l'horreur d'une telle conduite, je leur citerais l'histoire d'un botaniste qui, sans avoir jamais voyagé, s'était formé un herbier considérable des dons qu'il avait obtenus des divers savants avec lesquels il avait entretenu des relations presque toujours exclusivement à son profit. Lorsque cette collection fut devenue suffisamment riche, il la vendit par acte notarié et palpa en retour une somme assez ronde. Ce petit avantage l'ayant mis en goût, il s'attaqua à sa bibliothèque, et la livra à l'encan au plus offrant. Etait-ce le besoin qui le portait à ces actes de barbarie? non, il jouit d'une honnête aisance; avait-il pris le parti d'abandonner la botanique? hélas non, on dit qu'aujourd'hui il assiége les bibliothèques botaniques, et les transforme ainsi en ateliers où s'élaborent les injures qu'il verse sur ceux qui n'ont pas l'avantage de penser comme lui. Ah! Messieurs Ernest, si jamais le désir de posséder quelques milliers de francs vous conduisait à de telles lâchetés, songez à l'opinion que vous laisseriez de vous-mêmes parmi les savants dignes de ce nom !

Il est temps que j'aborde le fonds de l'ouvrage e que je vous signale les observations transcendantes qu'il présente à chaque page. Les savants seront bien étonnés des vérités nouvelles que M. Mérat leur apporte en si grand nombre. Je suis persuadé, par exemple, que vous n'aviez jamais soupçonné que l'*Ononis repens* est une plante spéciale *aux bords de la mer*; que *la difficulté de séparer le Crepis biennis du C. virens est assez grande*; qu'il n'existe qu'une seule espèce d'*Orobanche* qui se modifie suivant les plantes qui la nourrissent; que le *Narcissus biflorus* est à peine une variété du *N. Pseudo-Narcissus*; qu'il faut *quelque attention* pour distinguer le *Villarsia* de l'*Hydrocharis*; que le *Triglochin n'est pas facile à reconnaître à cause de son facies graminoïde*; qu'il y a des *Crepis* qui portent des *épines*; que l'*Erysimum Orientale* est une *plante du Japon*; que l'*Alyssum calycinum* est appelé *Corbeille d'or*; que *l'on a de la peine à distinguer le Geranium molle du G. dissectum*; que le *Rubus cæsius a les fleurs roses, tandis que les autres espèces les ont blanches*, etc., etc.

Le Catalogue de *Messieurs* avance que l'*Orchis odoratissima* (Mérat) n'est que l'*O. conopsea*, ce que M. Mérat trouve fort impertinent. *On n'a pas de paroles*, s'écrie-t-il, *pour répondre à une pareille accusation, et on est en droit de croire à une hallucination de la part de ceux qui disent de semblables grossièretés. Le moyen de confondre un Orchis qui a un éperon d'une aune avec l'odoratissima qui en est à peine pourvu, sans être le plus ignorant des hommes ; et après quarante-cinq ans d'herborisations !* Quel beau mouvement ! et combien la république des lettres se félicitera de l'*impertinence* qui l'a excité !

M. Mutel dit, quelque part, qu'il est *inconcevable* que la Flore Parisienne fasse un *Poa* de la variété mutique du *Festuca ovina*. Pour se justifier, M. Mérat cite le sentiment des moutons qui broutent l'une et ne touchent pas à l'autre : il va sans dire que M. Mérat partage entièrement l'opinion des moutons, et vous auriez mauvaise grâce à contester le fait, puisque Cicéron déclare qu'un assentiment si unanime doit être réputé loi de nature.

Je ne m'arrêterai pas à l'*Ornithogalum Pyrenaicum* qui *pousse ses feuilles avant les fleurs*, et à l'*O. sulfureum* qui *les pousse après*; les mots grecs-latins que cite M. Mérat, à l'appui de cette assertion, signifient précisément le contraire et ce qu'ils signifient est la vérité.

Vous avez herborisé dans la Sologne, après MM. St-Hilaire, Pelletier, Dubouché, etc., et vous n'y avez pas vu le *Quercus Cerris* : M. Mérat a été plus heureux, il l'a vu *faire le fond des bois de la Sologne à quelques lieues d'Orléans* ; il donne la description de cet arbre qui a *de longues bractées* (!!) *à la naissance des feuilles* ; celles-ci sont *couvertes de poils étoilés rares en dessus, drapées de poils serrés-feutrés en des-*

sous, ce qui les rend plus blanches sur cette face. Vous m'allez dire que vous ne connaissez pas de *Q. Cerris* fait ainsi, ni moi non plus; M. Mérat a sans doute fait fabriquer le sien exprès.

Je voudrais pouvoir vous transcrire une dissertation sur les saules, où se trouvent des notes de la même force. L'auteur a observé dans la Nièvre plusieurs saules qui ne sont pas dans la *Flore du Centre, région où il y en a certainement le double de ce que cet ouvrage en renferme.* Ce que vous trouverez de plus certain dans cette assertion, c'est que M. Mérat est sujet à voir *double*. Vous n'auriez pas deviné que le *Salix rosmarinifolia* L. a quitté la Russie et le nord de l'Allemagne, pour venir, dans la Nièvre, couronner les recherches de M. Mérat. Il a, au reste, découvert un grand nombre d'espèces nouvelles dans la Nièvre, un *Lathyrus* inconnu, un *Medicago* sans nom *apporté par son propre fils, âgé de 8 ans, d'une promenade faite dans un lieu cultivé.* Macte animo, generose puer...

Quand vous rencontrez dans les prés, l'*Orchis latifolia*, vous n'avez aucune peine à le distinguer de l'*Orchis maculata*, l'idée ne vous est pas venue qu'on pût hésiter un instant à reconnaître ces deux espèces: écolier que vous êtes! M. Mérat vous apprend que rien au monde n'est si difficile que de faire cette distinction, et, pour élucider ce sujet, il se livre à une dissertation de plusieurs pages. Je n'ai pas besoin de vous dire que cette note est tout à fait à la hauteur du reste du volume.

M. Gay a publié, en 1842, une notice sur les *Ery-*

simum, et en particulier sur l'*Er. murale* que personne ne connaissait bien. M. Mérat n'approuve pas ce travail, d'abord parce que l'auteur ne lui en a pas remis un exemplaire, ensuite parce que le sujet était suffisamment clair dans la Flore Parisienne. Tout est dans tout, a dit un philosophe, et voilà pourquoi la Flore de Paris ne laisse plus rien à dire aux botanistes futurs; voilà pourquoi l'auteur nous apprend que le célèbre Koch lui a fait de nombreux *emprunts*, et que De Candolle y a pris, jusqu'à un certain point, le plan de son *Prodrome*!!

Il est une circonstance qui fait époque dans la vie de de M. Mérat, et qu'il raconte avec complaisance, *pour rendre nos jeunes gens plus circonspects*, circonstance que ses biographes n'oublieront pas et qui lui eût mérité l'étoile de l'honneur, si déjà elle n'eût brillé depuis 1830 sur sa poitrine. C'était à Nemours (localité chérie de notre auteur, où il a trouvé et créé le genre *Nemoursia*), c'était à Nemours, en Septembre 1841, le *Chara stelligera* flottait sur les eaux du Loing; M. Mérat n'écoutant que son zèle pour la science, ne craint pas d'entamer ses capitaux, il *frète un bateau* pour voler à la *conquête* de son cher *Chara*, et arrivé au milieu du *cours d'eau* où il se balançait, il en prend, devinez combien : vingt, cinquante, cent échantillons?..... Vous n'y êtes pas. Un millier? vous n'en approchez guère; il en prend..... *plusieurs brassées!* il s'élance sur le rivage, tout fier de sa conquête, et rentre dans Nemours. Je me le représente succombant sous le poids de son humide fardeau, il me semble voir les polissons du quartier l'accompagnant de leur bruyant cortége, jusqu'à ce qu'enfin haletant et désespérant de ses forces, il finit par jeter *ses brassées* à *Nemours même!* Ah! pourquoi, dans cet instant critique, la nature n'accorda-t-elle pas à notre héros, comme autrefois à feu M. Thuillier, *des jambes de cerf et des yeux d'Argus*? malheureusement, si, dans sa vie, M. Mérat eut quelque chose du cerf, ce ne sont pas les jambes, puisque, dès 1836, il annonce dans une préface qu'il ne peut plus *parcourir la campagne.* Aussi n'est-ce pas sans surprise que je le vois énumérer une longue suite de localités qu'il a visitées dans ces derniers temps, *le carton sous le bras*, et où il a trouvé tant d'espèces rares, y compris toutefois celles du *Catalogue* de MM. Cosson et Germain, qu'il ne dédaigne pas de s'approprier. On ne peut s'expliquer ce zèle extraordinaire qu'en supposant chez M. Mérat une recrudescence qui ne peut qu'exciter la sollicitude du public, car il est un âge où elles sont fort dangereuses.

J'ai réservé pour la fin une pauvre plante contre laquelle M. Mérat s'acharne à deux reprises différentes : il l'appelle le *Currus triumphalis de nos jeunes gens*, savoir : *l'Euphrasia Jaubertiana*, plante dédiée à M. le Comte Jaubert par M. Boreau, qui a donné à ce dernier les moyens de publier la Flore du Centre de la France. Bien entendu que pour M. Mérat, qui est si sévère pour les espèces, celle-ci ne vaut rien, c'est une variété de l'*E. Odontites*. Il fait donner à cet *Euphrasia*, par nos *botanistes associés*, des caractères dont ils n'ont pas dit un mot, tels que des fleurs rougeâtres; il leur fait dire que c'est la variété *chrysantha* qu'ils ont trouvée, toutes choses qui sont fausses. Ailleurs il revient à la charge, et nous apprend qu'il n'a pas été *peu étonné* de trouver dans son herbier *une petite branche* de cet *Euphrasia*, ce qui prouve, dit-il, *que nous possédions cette plante depuis plus de vingt ans, sans nous en douter.* Cet aveu, digne de M. Jourdain, nous confirmera dans cette idée que M. Mérat *ne se doute guère* de ce qu'il possède. C'est à propos de cet *Euphrasia*, et parce que *l'occasion s'en présente*, que M. Mérat renouvelle ses accusations contre moi; il rappelle, dans une longue note, qu'il m'offrit sa Flore, que je lui donnai *quelques plantes du Nivernais*, qu'il m'envoya le manuscrit d'Auxerre et que je le lui retournai *à quelques mois de là*; que j'ai eu la grossièreté de traiter cet ouvrage de *mensonger*, quoique j'en aie employé les matériaux, *en les déguisant autant que possible*; enfin que je n'ai indiqué nulle part les obligations que je lui avais pour m'avoir *fait connaître et donné des plantes rares des environs de Bourges*, etc.

En cette occasion, comme en tant d'autres, la mémoire de M. Mérat le sert bien mal, et puisque *l'occasion s'en présente*, je vais vous raconter l'histoire de nos relations. Ce fut au mois de Septembre 1836 que, venant à sa terre du Nivernais, il m'avantagea de sa visite. Il me remit un exemplaire de sa Flore, dont je n'avais jusque-là nullement regretté l'absence; mais comme j'ai toujours su reconnaître un bon procédé, je lui offris, outre une brochure que je venais de publier, des plantes de la région centrale; je lui en remis, non *quelques-unes*, mais un fascicule considérable, que je regardais comme un présent équivalent au sien. Il faut croire qu'il y attachait aussi un certain prix, puisque, plus tard, il m'envoya une nouvelle liste de 218 espèces, dont il me demandait des échantillons, *parce que, m'écrivait-il, je vois que vous les préparez très bien et que vous les empoisonnez, ce qui est un grand avantage…..* Parmi les espèces que je lui montrai se trouvait le *Potamogeton heterophyllum*; M. Mérat, en le voyant, s'écria : *Oh! que cela est curieux, je n'ai jamais vu cela!* exclamation qui me donna lieu de penser que les plantes qu'il avait décrites dans sa Flore ne lui étaient pas *très familières*. A mesure que je lui faisais part de quelque observation, il la consignait sur son carnet. La confiance attire la confiance; dans un moment d'effusion, il se décida à me montrer une espèce nouvelle, *un petit Arabis*, qu'il avait trouvé dans ses terres. En jetant les yeux sur le *petit Arabis* nouveau, je lui dis que c'était simplement l'*Arabis Thaliana* qui se trouve partout. Hum! hum! fit-il, sans oser ni affirmer ni contredire, de peur de se compromettre; mais il paraissait sensiblement ému; il semblait se dire à lui-même : Diable! quel gaillard! comme il y va! nommer de prime abord l'*Arabis Thaliana*! quelle force peu commune!….. J'aurais dû peut-être ne pas lui enlever son illusion, il eût publié le *petit Arabis* nouveau, qui eût eu le sort, si justement mérité, de toutes les espèces qu'il a créées jusqu'à ce jour

— Ce fut dans cette visite qu'il m'offrit communication du manuscrit, et, en me l'adressant le 3 octobre 1836, il m'engageait à le lui renvoyer par une occasion qui devait s'offrir vers le milieu du mois ; je n'attendis pas même cette époque, et trois ou quatre jours après, je lui retournai le volume *franco* par la diligence. J'entre dans ces détails pour vous montrer la véracité de M. Mérat, qui dit que je ne le rendis qu'à *quelques mois de là*. Je crois avoir répondu à l'accusation qu'il me fait de m'être approprié la substance de ce livre, l'extrait que j'en ai donné fera juger du degré de confiance qu'il mérite, et du tort que j'ai eu de m'expliquer ouvertement à cet égard.

Quant à l'injustice que j'ai commise envers M. Mérat, en ne le citant pas, elle est tout aussi bien démontrée que le reste. M. Mérat ne m'a jamais donné ni *fait connaître* une seule plante de Bourges ni d'ailleurs ; ceux qui le connaissent savent s'il en a jamais donné à personne ; il m'a fait remettre par un tiers une liste d'espèces observées dans sa propriété de la Nièvre : cette liste contient vingt-cinq noms de plantes, dont les deux tiers sont très vulgaires, et le reste à peu près incroyable ; j'ai demandé communication des échantillons recueillis, je n'ai reçu aucune réponse ; dès lors j'ai regardé la liste comme non avenue. Voilà la grande injustice que j'ai commise, le crime pour lequel M. Mérat renouvelle ses accusations dans tous ses écrits.

Telles sont, mon ami, les pièces du procès que M. Mérat a soulevé contre moi ; je les livre à la conscience des honnêtes gens, tranquille sur le jugement qu'ils porteront. Que M. Mérat réitère, s'il lui plaît, ses attaques, je ne continuerai pas cette polémique; il est des injures qui honorent, je ne répondrai plus aux siennes. Je crois posséder l'estime des personnes avec lesquelles j'ai entretenu des relations, cette idée m'aidera à me consoler de n'avoir pas su me concilier celle de M. Mérat.

Tout à vous,
A. BOREAU.

Angers, 25 Septembre 1843.

RÉFUTATION

DE QUELQUES-UNES DES ATTAQUES DE M. MÉRAT AU SUJET DE NOTRE

CATALOGUE RAISONNÉ (1).

M. Mérat ne nous pardonne pas d'avoir fait connaître le *T. lucidum* L. (*T. medium* Jacq.) aux environs de Paris; il saisit avec empressement, p. 20, l'occasion de relever à ce sujet une faute évidente de typographie (1798 pour 1698) qui s'est glissée dans notre Catalogue. — A propos de fautes de typographie, nous demanderons à M. Mérat, qui copie pour le *Conringia Orientalis* R. Brown, espèce nouvelle pour nos environs, les localités que nous en citons, et cela sans en prévenir, comme il l'a fait du reste pour la plupart des autres espèces; nous lui demanderons d'où peut provenir la faute d'orthographe du mot *Oulens* pour *Oulins*, que nous trouvons page 265 de la *Revue*? Cette même faute existait dans notre *Catalogue*, et n'a été relevée que

---

(1) Nous n'avions pas d'abord l'intention de donner cette réfutation, tant nous trouvions peu de valeur aux attaques de M. Mérat; nous croyons cependant devoir la publier afin de constater publiquement la fausseté des assertions de l'auteur de la *Revue*. Nous n'y traitons que très-accessoirement les questions d'espèces, renvoyant, pour ce qui les concerne, aux notes de notre Catalogue raisonné, et réservant pour le supplément à notre Catalogue les additions que nous avons à faire.

dans notre errata... *Ab uno disce omnes.* — M. Mérat prétend avoir observé cette plante depuis plus de vingt ans; mais il ne l'avait pas, dit-il, indiquée dans sa Flore parce qu'il la regardait comme *une plante du Japon*, introduite en France avec des céréales. Nous pouvons assurer à M. Mérat que cette plante n'est guère moins répandue en France que le *Neslia paniculata* Desv. avec lequel on la rencontre assez fréquemment non seulement dans nos environs, mais aussi en Bourgogne, en Champagne, dans le centre et le midi de la France, etc. **M.** Mérat n'a pas plus dédaigné nos localités du *Neslia* que celles du *Conringia*, seulement il les reproduit en désordre et en supprimant les noms des inventeurs.

Entre autres *erreurs... typographiques?* de la Revue de M. Mérat, nous trouvons, p. 24, les mots *carpelles courtes et droites;* à notre connaissance, le mot carpelle (*carpellum*) a toujours été du masculin dans la langue française; M. Mérat, il est vrai, trouve nos *connaissances fort bornées.*

M. Mérat, p. 24, nous reproche de faire connaître l'erreur de détermination qu'il a commise, en indiquant L'*Erysimum murale* Desf. à Moret, sous prétexte qu'il nous a communiqué un fragment de l'*E. murale* provenant d'une autre localité, communication que nous n'avons pas manqué de signaler. Quant à nous, nous avons communiqué à M. Mérat, soit directement, soit par l'intermédiaire de nos amis, qui nous en ont demandé l'autorisation, la plupart de nos découvertes, et M. Mérat n'a pas craint d'*en faire silencieusement son profit.*
— M. Mérat revient sur ce même *Erysimum*, p. 357,

dans un écrit, que nous ne saurions qualifier, adressé à M. Gay sous forme de lettre; l'auteur, après avoir annoncé que la plupart des espèces traitées dans le travail de M. Gay sont *exotiques à la France*, propose de remplacer les descriptions si complètes et si exactes de M. Gay, par les siennes dont nous donnerons le specimen suivant : « *Erysimum murale*, Desf. « Feuilles très-entières; fleurs peu nombreuses (10 à « 20), grandes (comparativement) ; siliques moyennes, à « pédoncules écartés de la tige. » — Nous ne pensons pas que des siliques *moyennes* et des fleurs *grandes comparativement* soient des caractères spécifiques préférables à ceux qui sont assignés à l'*E. murale* par l'auteur de la savante monographie du genre *Erysimum*.

M. Mérat, p. 26, nous reproche, à l'occasion du *Biscutella lævigata* L., d'admettre dans notre *Catalogue* les plantes des Andelys; l'auteur, par ce reproche, pourrait faire supposer que s'il a peu exploré les environs de Paris, il ne les a guère plus étudiés sur les cartes; il pourra s'assurer que la localité des Andelys est comprise dans le rayon régulier de 20 à 22 lieues que nous avons assigné à la Flore des environs de Paris, et que cette localité n'est pas plus éloignée que Malesherbes, Nemours et autres localités qu'il n'hésite point à admettre dans la circonscription de la Flore; il en est de même pour la localité de Sceaux (Loiret) que M. Mérat prétend être à 27 lieues de Paris, et qui n'en est guère qu'à 22 en ligne directe. L'auteur de la Revue, après nous avoir contesté ces localités, n'hésite pas à s'emparer des espèces que nous y avons observées.

M. Mérat, p. 27, nous reprend pour avoir donné une sous-variété au *Viola hirta* L., sans la faire précéder de l'indication d'une variété; nous répondrons que cette prétendue erreur est reproduite avec intention dans tout le *Catalogue*. Nous appelons sous-variétés d'une manière absolue les modifications d'un ordre très-secondaire, alors même que la plante ne présente pas de variétés ou modifications de premier ordre. — Le type ou variété α peut présenter une ou plusieurs sous-variétés qui n'appartiennent pas nécessairement aux autres variétés, et réciproquement. Nous pouvons donc dire, sans mettre *la charrue devant les bœufs* (Revue, p. 31) que l'*Elatine hexandra* DC. présente une sous-variété *pedunculata*, puis une variété β. *octandra*. — Nous n'avons pas signalé l'avortement des pétales si fréquent dans le genre *Viola*, ne pensant pas que la Tératologie doive indispensablement rentrer dans une Flore descriptive; nous ne considérons pas les déformations de cette nature comme des variétés.

M. Mérat, p. 28, au sujet du genre *Polygala*, pousse la malveillance jusqu'à nous reprocher d'omettre pour le *P. vulgaris* L. les variétés de couleur que nous ne signalons que dans nos descriptions pour plus de brièveté. — De la longue note de M. Mérat, p. 310, il résulterait que les *P. amarella* Crantz et *Austriaca* Crantz feraient double emploi, tandis qu'ils se rapportent à deux de nos plantes les plus distinctes. — M. Mérat, p. 28, réclame la priorité pour son *P. repens*, synonyme actuellement du *P. depressa* Wend., bien que lui-même l'ait successivement attribué à la plupart des espèces du genre.

M. Mérat, p. 29, ne renonce pas à ses *Dianthus in-*

teger et *biflorus*, bien que lui-même n'ait jamais pu retrouver ni l'un ni l'autre dans nos environs ; un jour cependant, un de nos amis communs lui ayant présenté un avorton du *D. prolifer*, M. Mérat, après réflexion, crut y reconnaître son *D. biflorus*. — Malgré la note de M. Mérat, nous sommes toujours dans la même ignorance relativement au *D. integer*.

M. Mérat, p. 30, paraît ne pas avoir compris ce que nous disons des *Cerastium*, bien qu'il nous reproche d'avoir mis bon ordre aux difficultés qu'on éprouvait à en distinguer les diverses espèces. Nous insisterons ici de nouveau sur la délimitation des espèces annuelles de ce genre qui se rencontrent dans nos environs : — Nous caractérisons le *C. triviale* Link par son calice à sépales subobtus, à poils non glanduleux ne dépassant pas les sépales, et par ses pédicelles plus longs que les bractées ; — le *C. glomeratum* Thuill. par ses pédicelles plus courts que les bractées, et son calice à poils dépassant les sépales ; — le *C. brachypetalum* Desp. par ses pédicelles plus longs que les bractées, et son calice à poils dépassant les sépales ; — enfin le *C. varians* Cosson et Germain, est caractérisé par ses pédicelles plus longs que les bractées, et par son calice à sépales aigus, à poils glanduleux ne dépassant pas les sépales. Cette espèce renferme : 1° le *C. præcox* Tenore (*C. campanulatum* Viv. sec. Koch, — *C. litigiosum* De Lens) dont nous avons fait le type ou variété α. *decandrum*; cette plante est caractérisée par ses pétales dépassant longuement le calice et ses étamines souvent toutes fertiles ; nous en avons, par une culture de quelques jours, ramené des échantillons types à la variété *semidecandrum* sous-variété *obscurum*; sous l'influence des conditions où nous les avions placées, nous pouvions en voir les fleurs se développer successivement avec des pétales de plus en plus petits, et le nombre des étamines fertiles se réduire à quatre ou cinq; 2° les *C. obscurum* Chaub. et *pellucidum* Chaub. qui forment notre variété *semidecandrum*. Nous avons été amenés à réunir en une seule variété, fondée sur la brièveté des pétales et les étamines fertiles ord. réduites au nombre de cinq, ces deux formes que nous ne distinguons l'une de l'autre que comme sous-variétés, en raison des nombreux intermédiaires que nous avons observés. Notre sous-variété *obscurum* est caractérisée par ses bractées herbacées ou à peine scarieuses à la marge; notre sous-variété *pellucidum* est caractérisée par ses bractées presque entièrement scarieuses; nous demanderons à ceux qui nous reprochent cette réunion, comment on doit nommer les échantillons qui se rencontrent assez fréquemment et chez lesquels les bractées inférieures sont herbacées et les bractées supérieures scarieuses; 3° notre variété *tetrandrum* caractérisée par l'avortement de l'une des branches de la dichotomie et par le calice et la corolle souvent réduits à quatre pièces. Cette variété présente deux sous-variétés : la première à bractées herbacées, très répandue sur les sables maritimes de l'Ouest où nous l'avons rencontrée en abondance, n'a pas encore été observée dans nos environs; la seconde, à bractées scarieuses et à fleurs plus petites, a été rencontrée plusieurs fois dans la circonscription de notre Flore. Si l'on voulait conserver le *C. tetrandrum* à bractées opaques comme une espèce distincte, il faudrait, pour être conséquent, créer une espèce fondée sur notre sous-variété à bractées scarieuses. — C'est en parlant de l'étude consciencieuse que nous avons faite du genre *Cerastium*, que M. Mérat prétend que, sans examen préalable, nous avons tout confondu sous un seul nom, pour *trancher la difficulté*; M. Mérat recommande *ce procédé commode aux auteurs qui éprouveront de l'embarras pour distinguer les espèces voisines, difficiles à caractériser*. Nous ne répéterons pas toutes les *drôleries* (expression que nous puisons dans la *Revue*), dont cet article est largement assaisonné : « Vive Dieu ! » s'écrie l'auteur de la *Revue*, « moyennant la création du « *Cerastium varians*, MM. ont fait table rase, » etc.

M. Mérat, p. 31, nous fait un crime d'avoir enfin élucidé la question des *Elatine Hydropiper* L. et *hexandra* DC. pendante depuis si longtemps ; il prend pour prétexte de ses imputations la communication qui nous a été faite d'échantillons authentiques de l'*Elatine Hydropiper*, par notre ami M. de Schœnefeld, qui, d'après notre *desiderata*, nous les avait rapportés de Berlin avec une grande partie des plantes intéressantes de ce pays ; M. Mérat nous reproche de ne pas avoir cité M. de Schœnefeld pour son obligeance. Nous répondrons que nous n'avons, il est vrai, que rarement cité, dans notre *Catalogue*, le nom des botanistes qui nous ont communiqué des espèces étrangères à notre Flore, mais que nous avons toujours religieusement indiqué la source de nos localités parisiennes ; nous ne pensons pas que M. Mérat ait la prétention d'avoir suivi la même règle. Nous citerons un exemple entre mille : — M. Mandon trouva, dans ses herborisations de cette année, le *Sisymbrium asperum* L. aux bords de la Seine ; cette découverte étant parvenue à M. Mérat, après l'impression de sa *Revue*, il s'empressa d'ajouter une page de supplément pour y consigner cette espèce, sans mentionner aucunement le botaniste à qui la Flore en était redevable. — Nous remarquerons à ce sujet que la description que M. Mérat croit donner du *Sisymbrium asperum* se rapporte exactement au *Braya supina* Koch (*Sisymbrium supinum* L.) qui présente en effet *des fleurs blanches* et des siliques souvent hispidiuscules, les fleurs du *S. asperum* sont jaunes. — Nous avons peine à comprendre comment la présence de cette plante dans le Nivernais fait croire à M. Mérat qu'elle nous a été apportée par la Seine ; nous pensons, avec M. Mérat, que le *S. asperum* a dû être amené par les eaux, mais que la Seine en a entraîné les graines non pas du Nivernais, mais bien de la Champagne ou de la Bourgogne. Nous pourrions dire, à propos du *S. asperum*, que si, comme le veut M. Mérat, p. 31, il nous est arrivé de montrer «*un petit bout d'oreille échappé par malheur*» l'auteur de la *Revue* montre au moins la longueur d'une oreille tout entière.

M. Mérat, p. 35, range le *Trifolium agrarium* L. et le *T. diffusum* Willd. dans sa grande catégorie des *plantes pérégrinantes* qui font le mauvais tour aux botanistes de disparaître de nos environs pour y reparaître ensuite en abondance. Le *T. agrarium* qui ne serait qu'*intermittent* chez nous, serait, d'après l'auteur de de la Revue, *permanent* dans les montagnes sous-alpines et dans les plaines du Nord. — Quant au *Scorzonera Austriaca* Willd., l'auteur assure, p. 60, qu'il s'est *éclipsé* au moins deux fois depuis Vaillant ; il en serait de même de l'*Euphorbia Esula* L., p. 191, si abondant à Fontainebleau, et qui en aurait *disparu* pendant plus de trente ans.—Ailleurs, p. 82, M. Mérat nous annonce que le *Potamogeton pusillum* L., *qui avait disparu de nos environs pendant plus de trente ans, y reparaît depuis sept ou huit en abondance*. M. Mérat est d'autant plus certain de la disparition du *P. pusillum* dans nos environs, qu'il ne le confondait pas, dit-il, avec le *P. compressum* L.; M. Mérat confondait si bien les *P. pusillum* et *compressum* qu'ils font encore double emploi dans sa Revue. Nous avons récolté à Nemours des échantillons de la plante sur laquelle M. Mérat décrit le *P. compressum* de sa Revue; et nous nous sommes assurés que ce n'est autre chose que le *P. pusillum*, comme on peut au reste s'en convaincre par la description qu'il en donne. — M. Mérat indique dans nos environs le *P. obtusifolium* Mert. et Koch, sans donner toutefois de localité spéciale ; cette plante est assez rare en France pour qu'il n'en eût pas oublié la localité s'il l'eût en effet récoltée. Quant au *P. acutifolium* Link, M. Mérat croit devoir le décrire, parce que M. Des Etangs, qui nous l'a également communiqué, l'a recueilli aux environs de Troyes. — M. Mérat fait infraction à sa règle ordinaire, à l'occasion du *P. rufescens* Schrad., en citant notre correspondant, M. l'abbé Daënen, qui nous a fait recueillir cette plante à Dreux. M. Mérat n'a cependant fait demander les plantes spéciales de Dreux à M. Daënen, qu'après la publication de la Revue. — M. Mérat, du reste, copie, sans en prévenir et sans vérification, les localités que nous citons pour les diverses espèces de ce genre. — Nous nous souvenons à ce sujet que, dans l'unique entrevue que nous eûmes avec M. Mérat, voulant lui parler du *Tillæa muscosa* L., nous lui dîmes, par un *lapsus linguæ*, que le *Mœhringia muscosa* L. se trouve au bois de Boulogne; malgré l'invraisemblance de cette localité, pour une plante des régions sous-alpines, M. Mérat en prit note, sans la moindre observation, et sans nous demander à voir la plante; ce ne fut qu'accidentellement que nous nous aperçûmes de sa méprise.

Nous ne nions pas que l'*Ononis repens* L. soit commun aux bords de la mer, où nous l'avons rencontré partout et en abondance; mais nous devons dire qu'il n'est pas moins fréquent aux environs de Paris, où il se rencontre bien plus souvent que l'*O. spinosa* L. Ces deux espèces sont tellement distinctes, par la longueur relative du légume et du calice, la direction des tiges et la forme des feuilles, qu'aucun auteur consciencieux ne saurait proposer de les réunir. — C'est à propos de la distinction que nous faisons de ces deux plantes, que l'auteur de la Revue, p. 34, nous adresse *malicieusement* la phrase suivante : « L'erreur où tombent ici nos « jeunes gens, pour avoir voulu faire les savants, est bien « fâcheuse pour eux. »

M. Mérat, p. 35, prétend que nous avons été bien aises de lui trouver une faute de plus, en donnant comme synonymes les *Melilotus officinalis* et *altissima* décrits dans sa Flore, où il indiquait, du reste, leur rapprochement. Nous tenons peu à trouver une erreur de plus ou de moins dans les ouvrages de M. Mérat, car aujourd'hui que notre tâche est de les signaler, notre embarras est l'embarras du choix.

Pour donner un échantillon du style et de la politesse de M. Mérat, nous citerons textuellement l'article p. 38, relatif au *Vicia hybrida* : « Voilà nos trinitaires qui nient
« encore la présence d'une plante dans nos environs, parce
« qu'ils ne l'ont pas trouvée après trois années d'herbori-
« sations. Leur opinion sera mieux assise quand ils auront
« parcouru nos campagnes pendant quarante ans. Nous
« disons cela à propos du *Vicia hybrida* L., sur lequel ils
« n'ont pu encore mettre leurs six mains ; il faut qu'ils
« aient joué de malheur, car la plante n'est pas rare. Il
« est nécessaire de les envoyer promener. » Page 336, M. Mérat oublie complétement qu'il a dit précédemment que *la plante n'est pas rare*. « Le *Vicia hybrida* L.,
« dit-il, paraît être devenu plus rare depuis une dou-
« zaine d'années dans nos environs ; mais outre que
« Vaillant, Dalibard et Thuillier le signalent, nous l'avons
« autrefois récolté abondamment. » — On conçoit que ces assertions discordantes sont peu de nature à nous convaincre de l'existence du *V. hybrida* dans nos environs, où il n'a été observé par aucun botaniste de notre connaissance.—Si M. Mérat herborise depuis quarante ans aux environs de Paris, nous avons peine à comprendre comment, dans le cours d'herborisations si prolongées, tant d'espèces vulgaires se sont si rarement offertes à ses recherches ; nous citerons entre autres espèces, qu'il regarde comme rares, les *Valeriana Auricula* DC., *Chærophyllum sylvestre* L., *Hieracium Auricula* L., *Serratula tinctoria* L., etc. ; il est vrai qu'il est le seul en revanche qui ait constaté que le *Vicia hybrida* n'y est pas rare. — Quant aux plantes nouvelles que nous avons eu occasion de signaler dans

nos environs, nous nous garderons d'en faire un prétexte pour *envoyer promener* l'auteur de la Revue.

M. Mérat, p. 39, nous reproche de dire que le *Prunus insititia* de sa Flore doit être rapporté comme synonyme au *P. cerasifera* Ehrh. « Nous affirmons, dit-« il (Rev. p. 39) que notre *P. insititia* a les pédoncules « velus, et qu'ainsi il ne peut être le *P. cerasifera*, qui les « a glabres. » Telle peut être maintenant l'opinion de M. Mérat ; mais tout le monde peut se convaincre qu'il n'y a pas un mot de cette phrase dans sa Flore ; il n'y est même pas question du caractère tiré du pédoncule. — Nous maintenons donc notre synonymie, de laquelle il résulte que le *P. insititia* est omis dans la Flore de M. Mérat.

M. Mérat, p. 40, trouve que ce n'est pas être *à la hauteur de la science moderne* que de négliger de mentionner la sous-variété à fleurs doubles ordinairement obtenue par la culture dans le *Rubus fruticosus*.

M. Mérat, p. 40, nous prévient que le *Potentilla recta* L. a domicile réel chez nous *depuis un siècle* ; c'est précisément pour cela que nous avons dit que cette plante y est naturalisée.

M. Mérat nous reproche souvent de parler de ses espèces sans les avoir, dit-il, vues autrement qu'*à travers ses cartons* (Rev. p. 40) ; nous renvoyons, à ce sujet, à ce que nous avons dit précédemment de l'herbier de M. Mérat, p. 12 ; au reste ce n'était pas l'herbier, mais bien la Flore que nous avions à examiner, et M. Mérat fait peu d'honneur à ses descriptions, s'il suppose qu'après es avoir lues il est toujours impossible de savoir de quelles plantes il a voulu parler. Il ajoute, p. 77, que

nous nous décidons d'une manière ténébreuse, et p. 68 :
« C'est pure conjecture, divination même. Décidé-
« ment MM. sont sorciers. »

Nous ne savons ce que veut dire M. Mérat, p. 42, quand il répète ses réclamations en faveur de l'admission dans notre Flore du *Salix Babylonica* L., il aurait pu préalablement ouvrir notre *Catalogue* où il l'aurait trouvé mentionné à la page 115. C'est après de semblables *lapsus* que l'auteur de la *Revue* se permet de demander si nous savons lire, ce dont il est, dit-il, p. 52, toujours tenté de douter.

M. Mérat dit, p. 44, avoir observé à Nemours « une « jolie variété, à feuilles garnies de vésicules semblables « à celles de l'Utriculaire, du *Ceratophyllum demer-* « *sum*, L. » Nous ne saurions déterminer à quelle espèce d'insecte appartiennent les œufs qu'a observés M. Mérat si toutefois les feuilles de *Ceratophyllum* garnies de vésicules n'appartenaient pas à un fragment d'*Utricularia*.

M. Mérat, p. 47, prétend que ce n'est pas *l'Angelica sylvestris* L. qui figure dans sa Flore sous le nom d'*Imperatoria Ostruthium* L., mais que ce·serait plutôt le *Pimpinella magna* L.; il ajoute ensuite que sa plante est munie d'involucelles, tandis que le *Pimpinella magna* en est dépourvu.

M. Mérat, p. 51, prétend que nous lui reprochons de citer ses correspondants, à l'occasion du *Valerianella Auricula* DC.; nous sommes obligés de lui dire qu'il n'a pas saisi notre intention, nous voulions simplement lui faire entendre que les botanistes sont rarement cités pour avoir découvert le *Poa annua* L., le

Bellis perennis L., l'*Alsine media* L. et autres plantes de *même rareté*. — M. Mérat ajoute : « Quand on n'a pas « trouvé soi-même une plante, il nous semble naturel « de nommer celui qui l'a observée ; c'est une justice « que nous aimons à rendre et que nous avons toujours « rendue à tous ceux qui nous ont mis dans ce cas. Nous « engageons nos jeunes gens à nous imiter, en cela du « moins ! » — Nous plaignons sincèrement M. Mérat *de n'avoir pas trouvé lui-même le Valerianella Auricula;* nous le plaignons davantage encore d'avoir eu si rarement occasion de faire à ses correspondants une justice qu'il aime à leur rendre ; et nous nous félicitons de ne nous sentir aucune disposition à prendre pour exemple le modèle qu'il nous propose.

M. Mérat, p. 52, prétend que nous devions le citer et non M. le docteur Devilliers, pour nous avoir communiqué l'*Aster Amellus* L., bien que cette plante ait été découverte à Nemours par M. le docteur Devilliers, qui la lui a fait recueillir ainsi qu'à nous. — Nous ne nous attendions pas non plus au reproche que nous fait en outre M. Mérat de ne point dire que c'est la variété uniflore (monocéphale) qui croît à Nemours, lorsqu'il nous doit la détermination de cette espèce qu'il regardait comme l'*Aster Alpinus* L.

Nous ne pensions pas que M. Mérat nous obligerait à revenir encore sur les genres *Leontodon* et *Thrincia* : — Nous lisons dans la dernière édition de sa Flore, t. II, p. 324 : « Obs. : Le genre *Thrincia*, de Roth, ca-« ractérisé par les aigrettes rudimentaires du bord, tan-« dis que celles du centre sont complètes, n'existe pas ; cela « tient uniquement à ce que ces dernières sont plus dé-

« veloppées, plus nourries, aussi ne voit-on pas toujours
» ces caractères, et existent-ils parfois dans les *Leonto-*
« *don* de la section des *Apargia*. C'est faute d'avoir
« fait cette observation, qu'on a établi ce genre, » etc...
— Nous crûmes devoir insister dans nos *Observations*
sur les caractères invariables des genres *Thrincia* et
Leontodon, et nous prîmes la liberté de dire que l'erreur commise par l'auteur d'une Flore parisienne n'était explicable qu'en supposant qu'il eût cherché sur des
Leontodon les caractères du genre *Thrincia*. — M. Mérat répondit dans ses *remarques manuscrites* qu'il
nous reproche de ne pas citer : « Cette Flore c'est la
« mienne, la faute commise l'a été par moi... ; j'ai dit
« que le genre *Thrincia* avait des aigrettes rudimen-
« taires au bord, et j'ai ajouté que cela tenait au plus ou
« moins de maturité de la fleur, là serait l'erreur ; je
« ne l'ai pas commise, ainsi que le disent ces Messieurs,
« pour avoir examiné des *Leontodon* pour des *Thrincia*,
« mais pour avoir analysé les fleurs de ce dernier genre
« trop jeunes. » — Dans sa Revue, p. 55, M. Mérat
tient un tout autre langage... « Croirez-vous, races fu-
« tures, s'écrie-t-il, que nos juvéniles auteurs as-
« surent hardiment que nous confondons ces deux
« genres ! » et plus haut : « Ce genre *Thrincia* est ca-
« ractérisé, *comme on sait*, par les fruits ou akènes
« de la circonférence *conformés en une espèce de*
« *tube*, » etc., etc. (l'auteur veut probablement dire
couronnés par une espèce de tube). M. Mérat va plus
loin, il nous attribue l'erreur que nous avons relevée
chez lui, et il ajoute : « Voilà un pas d'écoliers, con-
« fondant genres et espèces et voulant pourtant en re-

« montrer. *Risum teneatis, amici!* » Le seul à-propos que nous trouvions ici est la citation qui termine l'apostrophe de M. Mérat.

M. Mérat, p. 61, prétend, à l'occasion du *Hieracium præaltum* Vill. qui aurait été trouvé près de Villers-Cotterets par un de ses correspondants, qu'il enrichit plus la Flore « que ne le font MM. en trois personnes et « leurs quatre-vingt-six bras droits. »

Nous avouons n'avoir pas compris quelle intention facétieuse M. Mérat a voulu envelopper dans la phrase suivante, p. 65, qu'il nous adresse à l'occasion des races hybrides du genre *Digitalis* : « Décidément, MM. sont pour les générations légitimes... Cela ne peut être que d'un bon effet moral. »

« Nous voici parvenu, dit l'auteur de la Revue, p.
« 67, au *Currus triumphalis* de nos jeunes gens....
« la découverte de l'*Euphrasia Jaubertiana*, Boreau...
« Disons d'abord que, dans notre opinion, cette plante
« si célébrée, « cette belle espèce, » comme disent nos
« jeunes élèves, nous semble une hybride de l'*Euphrasia Odontites* L. »... Nous demanderons à M. Mérat ce que c'est qu'une hybride qui dérive d'une seule espèce ; du reste nous ne discuterons pas avec M. Mérat la valeur des caractères de cette espèce, qu'il dit, p. 217, avoir étudiée *sur une petite branche de l'Euphrasia Odontites var. verna* ; mais nous demanderons à M. Mérat qui nous demande souvent si nous savons lire, s'il sait lire lui-même, et dans cette hypothèse, nous le prierons de nous dire où il a vu que nous n'indiquons à Moret que la variété *chrysantha* de l'*E. Jaubertiana* ; non-seulement nous n'avons

jamais observé cette variété à Moret, mais nous ne la mentionnons même pas dans notre *Catalogue*.

Nous ne dirons rien de la note injurieuse que M. Mérat adresse à M. Boreau, p. 67, *à l'occasion de l'Euphrasia Jaubertiana*; l'auteur de la *Flore du Centre* lui a répondu de telle sorte que nous doutons fort que M. Mérat s'attaque de nouveau à un tel adversaire.

M. Mérat, p. 69, termine son article sur les *Orobanches* en émettant l'heureuse idée « que les formes « des *Orobanches* se modifient suivant les plantes où « elles croissent, et qu'elles reçoivent leur conformation « de la plante mère; il peut donc y avoir autant d'espèces « d'*orobanche* qu'il y a de végétaux dans un pays. » Du reste, cette opinion n'empêche pas M. Mérat d'indiquer plusieurs plantes mères pour la plupart des *Orobanches* de sa Flore. — Nous pouvons affirmer à M. Mérat que les caractères des espèces du genre *Orobanche* sont très-constants et faciles à saisir; nous citerons entre autres l'*O. minor* Sutt., que nous avons recueilli cette année sur sept ou huit plantes différentes, sans qu'il eût éprouvé la moindre variation.

M. Mérat, p. 70, nous reproche d'avoir varié dans la synonymie que nous avons donnée des espèces du genre *Mentha* de sa Flore : nous devons dire qu'il existait une telle confusion, tant dans l'ouvrage de M. Mérat que dans son herbier, que la synonymie de ses espèces était à peine faisable et ne présentait pas le moindre intérêt, aussi avons nous regretté de nous en être occupés. — M. Mérat à cette occasion entonne bravement un chant de triomphe : « Voici donc, dit-il, un nouvel exemple du

« peu de fixité de leurs déterminations spécifiques, du peu
« de sûreté de leur nomenclature », etc., etc.

Nous sommes heureux de voir M. Mérat, p. 71, adopter notre décision à l'occasion des *Utricularia minor* L. et *intermedia* Hayne; il ajoute qu'en cela il ne fait que revenir à l'opinion qui était la sienne, il y a trente ans environ, alors que *MM. n'étaient pas encore en lumière*.

M. Mérat, qui a pu prendre connaissance dans notre *Catalogue* de la liste exacte des *Chenopodium* des environs de Paris qu'il avait si malencontreusement limités et décrits dans sa Flore, croit se tirer d'affaire, p. 73, par une plaisanterie à l'endroit du *C. album* L. qui figurait sous plusieurs noms dans son ouvrage; il s'applaudit de n'avoir placé que dans deux sections du genre les diverses formes de cette espèce.

M. Mérat, p. 76, nous demande si c'est *par vétérance* qu'après n'avoir pas mentionné le *Polygonum Bistorta* L. dans nos *Observations*, nous l'admettons dans le *Catalogue*, et il nous rappelle qu'il l'a indiqué depuis trente ans dans nos environs. — Nous rappellerons à M. Mérat que la vétérance d'une indication, quand elle n'a point été rajeunie et ne nous a pas été attestée par des échantillons authentiques, est pour nous une raison suffisante d'exclusion. M. Mérat qui nous demande de nouveau, dans le même article, si nous savons lire, nous oblige à lui dire que, s'il savait lire lui-même, il aurait pu voir le *P. Bistorta* cité dans notre *Catalogue* et dans la liste des plantes rares de nos *Observations*, suivi du nom d'une localité d'où nous avons vu la plante vivante (Tournans!) et du nom du botaniste qui nous l'y a fait connaître (M. Hennecart

— Quant aux localités de la Flore de M. Mérat, elles y sont indiquées pour mémoire, précédées d'un point de doute, et suivies du nom de l'auteur ; point de doute qui annonce simplement que nous n'avons pas vu d'échantillons authentiques provenant des localités indiquées.

M. Mérat, p. 78, nous apprend que, d'après un échantillon de son herbier, l'*Euphorbia peploides* Thuill. est l'*E. verrucosa* L. ; il saisit *cette occasion* pour nous demander si nous sommes *momifiés* ; nous répondrons à M. Mérat que nous accordons moins de confiance aux *détritus* de son herbier, qu'à la description de l'*E. peploides* de Thuillier, qui commence par ce mot : *annua...*, et nous apprendrons à M. Mérat, qui paraît l'avoir oublié, que l'*E. verrucosa* est vivace ; M. Mérat a oublié probablement aussi que nous lui avons appris également à distinguer les *E. verrucosa* et *platiphyllos* qu'il confondait dans sa Flore.

M. Mérat donne, dans sa Flore, t. II, p. 120, à l'*Orchis odoratissima un éperon délié, aigu légèrement courbe, dépassant presque l'ovaire* ; dans sa *Revue*, mais un peu tard, il reconnaît qu'il *est à peine pourvu d'éperon*. — Aussi avons-nous donné, dans notre Catalogue, l'*O. odoratissima* de la Flore de M. Mérat, comme synonyme de l'*O. conopsea* L. ; l'auteur de la Revue, p. 84, nous accuse, à l'occasion de cette synonymie, d'impertinence, de grossièreté, de personnalités odieuses, etc. Il ajoute que nous pouvions nous dispenser d'assaisonner *notre classement* d'épithètes injurieuses...., sans toutefois pouvoir nous en reprocher une seule. M. Mérat ajoute qu'il est en droit de croire à quelque atteinte *d'hallucination* de notre part. — Nous laissons à juger de quel côté paraît être l'hallucination.

«Après l'absurde voici le plaisant,» dit M. Mérat, p. 85. M. Mérat a oublié de faire connaître *l'absurde;* quant au plaisant, il s'agit d'une recommandation que nous faisions aux botanistes de ménager une plante intéressante qui menace de disparaître de nos environs. Il parle à cette occasion de notre *gurgite vasto*, pensant nous faire un reproche du grand nombre d'échantillons sur lesquels nous croyons utile d'étudier nos plantes. M. Mérat ajoute d'ailleurs que nous les distribuons **urbi et orbi**.

Au milieu du dédale inextricable de l'article **Allium** de la *Revue*, M. Mérat, p. 88, nous demande comment nous pouvons nous permettre d'avoir un avis… Il nous reproche modestement d'avoir omis six espèces de ce genre dans notre Catalogue. «Comme si ce genre **Al-
« lium** était là, dit-il, pour la confusion de nos jeunes
« gens, il se trouve que depuis l'impression du *Cata-
« logue* voilà encore une nouvelle espèce qui surgit, l'*A.*
« *angulosum* L. » (*Revue*, p. 89). — Nous répondrons que cette nouvelle espèce n'est pas l'*A. angulosum* L., mais bien l'*A. fallax* Don, ainsi que l'admet du reste M. Mérat (p. 178) ; l'auteur de la Revue est revenu sans doute, comme pour l'*Aster Amellus* (voir p. 54), à une détermination exacte par les renseignements que lui ont fournis nos amis à qui nous avions nommé cette espèce. Nous ajouterons que notre correspondant, M. Bouteiller, qui a découvert cette plante, dans le courant de l'année dernière, aux environs de Provins, nous l'avait communi-

quée long-temps avant que M. Mérat en eût connaissance. — Quant aux cinq autres espèces qui manqueraient, selon M. Mérat, à notre Catalogue, deux d'entre elles, les *A. carinatum* et *paniculatum* de la Flore de M. Mérat sont des synonymes de l'*A. oleraceum* L. — La troisième, *A. flexum* Waldst. et Kit., plante que nous avons recueillie dans le midi de la France, n'a jamais, à notre connaissance, été observée dans nos environs. — La quatrième, *A. Moly* L., est une plante seulement cultivée dans quelques parterres. — La cinquième enfin, l'*A. rotundum* de la Flore de M. Mérat, que cet auteur dit posséder dans son herbier, n'est *connue* que de lui seul, et a été successivement rapportée par lui aux espèces les plus différentes. — « Nos jeunes doc« teurs, dit M. Mérat, p. 87, ont redressé fièrement leur « épine dorsale pour nous déclarer que nos *Allium ca*« *rinatum, pallens, parviflorum*, ne sont que ce même « *A. oleraceum*, L.! — Nous allons, nous l'espérons, « leur démontrer le contraire et leur faire voir qu'ils sont « complètement étrangers au sujet dont ils parlent. » — Or, M. Mérat, dans la suite de son article, ne prononce même plus les noms des *A. pallens* et *parviflorum*. — M. Mérat du reste ajoute que nous avons *assaisonné* notre opuscule des espèces potagères comme l'*Ognon*, l'*Echalotte*, la *Ciboule*, etc.

Le reproche que nous fait M. Mérat, p. 99, d'omettre dans le genre *Agrostis* quatre ou cinq espèces au moins, n'est pas moins bien fondé que le précédent; l'auteur de la Revue ignore que l'*Agrostis alba* L. que, selon lui, nous aurions oublié, est synonyme de l'*A. stolonifera* L. qui fait partie de notre Catalogue; au nombre des formes qu'il prétend avoir été omises, sont la variété *pumila* que nous avons inscrite en toutes lettres, et les variétés *rubra*, *violacea*, qui ne diffèrent en rien du type *vulgaris*, etc., etc.

M. Mérat, p. 164, nous dit qu'il sait fort bien que le *Poa compressa* L. a la tige comprimée; nous ne doutons pas qu'il ne le sache bien maintenant, nous avons dit seulement qu'il paraissait l'ignorer dans sa Flore, lorsque, ne mentionnant pas la forme de la tige dans cette espèce, il lui donnait une panicule comprimée; or, nous ferons observer que la panicule du *Poa compressa* n'est généralement comprimée que dans les herbiers.

M. Mérat, p. 99, prétend au sujet du *Setaria ambigua* de sa Flore que nous donnions avec doute comme synonyme du *S. viridis* Beauv., que là, comme dans tout le cours de notre ouvrage, nous avons prononcé *sans voir ni savoir*; nous ne craignons cependant pas aujourd'hui d'affirmer que le *Setaria ambigua* fait double emploi dans la Flore de M. Mérat, avec le *S. viridis*.

M. Mérat, dans la deuxième édition de sa Flore, sous le nom de *Calamagrostis lanceolata* Roth, décrivait assez exactement le *C. epigeios* Roth. Dans sa *Revue*, p. 100, M. Mérat prétend que la plante décrite par lui était bien le *C. lanceolata* Roth, qu'il possédait *de localité étrangère à nos environs*; nous demanderons à M. Mérat, qui ne mentionne dans sa Flore que cette seule espèce, outre le *C. colorata* Sibth. (*Phalaris arundinacea* L.), où était alors décrit le *C. epigeios*. — M. Mérat croit pouvoir, à cette occasion, nous reprocher le double tort d'avoir un avis tranchant sans avoir vu sa plante, et de ne pas avoir su deviner que le *C. epigeios* était omis, malgré sa vulgarité, dans la deuxième édition de son ouvrage.

Dans notre *Catalogue* nous avons avancé que les *Briza virens* et *minor* font double emploi dans la Flore de M. Mérat. — L'auteur de la *Revue* leur assigne les caractères suivants : « *B. minor*, tige annuelle, « plus grêle, plus simple, à fleurs plus petites, moins « nombreuses, plus blanches, etc. — « *B. virens*, tiges « bisannuelles, touffues dès la base, fleurs nombreuses, « verdâtres, etc. » — Nous convenons avec M. Mérat que ces caractères ne sont pas suffisamment tranchés pour constituer des espèces bien distinctes, et c'est pour cela que nous les réunissons. — M. Mérat, qui feint de croire que nous confondons le *B. virens* DC. et le *B. media* L., alors que nous lui adressons nous-même ce reproche, nous demande pourquoi le *B. media* figure seul dans notre *Catalogue* ; nous répondrons à M. Mérat que cette espèce est la seule qui jusqu'à ce jour, à notre connaissance, ait été rencontrée dans nos environs.

« Nous sommes las de répéter, dit M. Mérat, p. 106, « que MM. concluent *ab absurdo* en prétendant que « ce qu'ils n'y ont pas trouvé ne peut exister dans « le rayon de la Flore. Il s'agit des *Ægilops ovata*, L. « et *triuncialis*, L. ; tous les deux sont dans Vaillant... ; « quant au premier, nous croyons l'avoir récolté sous « la conduite de Thuillier, il y a plus de quarante ans. » Au surplus, ajoute M. Mérat, Thuillier *ne faisait même ramasser que l'ovata*. — Nous pensons qu'après voir lu cette phrase de la *Revue*, nous pouvons, sans nous compromettre, en conclure *ab absurdo* que nous étions fondés à regarder comme improbable l'existence du genre *Ægilops* aux environs de Paris, et cela bien que M. Mérat *croie* avoir récolté l'une de ces plantes sous la conduite de Thuillier. — Les *Ægilops* sont des espèces si exclusivement répandues dans les régions méridionales, que si Thuillier *nous les eût fait ramasser* aux environs de Paris, nous eussions eu soin de nous informer s'il ne les y avait pas semées lui-même pour nous ménager une surprise. — *Nous sommes las*, d'ailleurs, *de répéter* à M. Mérat, que nous sommes loin de prétendre que les espèces que nous n'avons pas trouvées aux environs de Paris, dans un temps donné, ne sauraient y exister, car nous prouvons chaque jour le contraire par de nouvelles indications. — Seulement nous serons toujours fidèles à l'engagement que nous avons pris de n'indiquer dans notre Flore que des plantes dont nous avons constaté nous-mêmes les localités, ou qui nous sont attestées par des échantillons recueillis récemment par des botanistes dignes de foi.

M. Mérat commence son article sur le genre **Carex** par la phrase suivante, p. 91 : « L'examen du genre « *Carex* exige quelque développement, parce que les « associés jouvenceaux ont commis plus d'erreurs en-« core que de coutume dans ce qui le concerne, et « cependant ils ont la prétention de le bien connaître…'; « ils ont à son sujet le ton tranchant et dogmatique des « élèves de nos jours. » M. Mérat, après ce bel exorde, est réduit à nous reprocher d'avoir renoncé à deux ou trois noms spécifiques que nous avions d'abord adoptés à cause de leur priorité, pour les remplacer par des synonymes plus généralement connus.

A propos de la réunion que nous avons indiquée des *Carex muricata* L. et *C. loliacea* Mérat *non* L., l'auteur de la *Revue*, p. 92, exhale sa colère en ces termes : « Le *Carex loliacea* de la Flore de M. Mérat n'est « qu'une déformation du *C. muricata*, L., disent « MM. ! Nous ne pensons pas qu'on ait jamais avancé « une pareille hérésie ; c'est prendre un habitant de « l'île Péron pour la Vénus de Médicis que de confondre « ce vulgaire, ce grossier *C. muricata*, avec le joli, le « svelte, l'élégant *C. loliacea*... Nous sommes furi- « bonds d'un tel vandalisme. » — D'après la description de la Flore de M. Mérat, il nous était impossible d'avoir une opinion arrêtée sur son *Carex loliacea* ; l'examen de cette plante dans son herbier leva tous nos doutes : *le joli*, *le svelte*, *l'élégant C. loliacea* n'était qu'un misérable brin sans souche d'un avorton du *C. muricata* L., ainsi que l'on peut encore s'en convaincre par l'inspection du dit échantillon, si toutefois il ne s'est pas dans l'intervalle multiplié dans l'herbier de M. Mérat. Ce ne serait pas la première fois qu'une pareille multiplication se serait manifestée dans la collection de M. Mérat : c'est ainsi qu'il fut possible à M. Mérat de rendre à M. M*** plusieurs échantillons du *Carex extensa*, sans trop en dépouiller son herbier des environs de Paris. Or M. Mérat n'avait reçu de M. M***, qui nous l'a certifié, que deux échantillons de cette plante qui n'a pas été retrouvée depuis dans nos environs, de l'aveu de M. Mérat lui même ; encore ces deux échantillons n'étaient-ils rapportés qu'avec doute au *C. extensa*. Il y a loin de ces deux pauvres échantillons à l'abondante récolte que M. Mérat attribue à M. M***!

M. Mérat ne peut nous pardonner la création du *Carex Mairii*, qui a été pour nous l'occasion d'un travail sur les espèces voisines parmi lesquelles il régnait alors une assez grande confusion ; aussi la description de cette espèce brille-t-elle dans la *Revue* par son absence.

Nous ne prendrons pas la peine de relever les erreurs que M. Mérat nous prête dans son article *Carex;* mais nous ne quitterons pas ce sujet sans nous laver du reproche de plagiat qu'il nous adresse dans la phrase suivante : « Enfin, MM. ont adopté dans la nomencla-
« ture du genre *Carex* quelques changements, dont
« ils n'avouent pas la source, suivant leur habitude.
« Nous citerons celui relatif au *C. cœspitosa* de nos
« Flores, qui n'est pas celui de Linné, d'après
« M. Gay. »... — Nous répondrons à cette attaque par la citation suivante que nous empruntons à nos *Observations* p. VII. « Nous avons également mis à contribu-
« tion plusieurs articles importants des *Annales des*
« *sciences naturelles*, spécialement les fragments déjà
« parus du beau travail de M. Gay, sur le genre
« *Carex* ; *nous en avons traduit presque littérale-*
« *ment la description des espèces de la section Cœs-*
« *pitosa.* »

A l'occasion de l'*Asplenium Germanicum* Weiss, nous disons dans notre Catalogue, p. 150: trouvé une seule fois à Samoro par M. Souchet, n'y a pas été revu. — M. Mérat nous accuse, p. 108, d'avoir

copié *ce qu'il dit* au sujet de cette espèce : « Décidé-
« ment, ajoute-t-il, on s'aperçoit que le génie de
« MM. baisse, qu'il est *à quia*, abattu, comme dit la
« chanson... » etc., etc. — M. Mérat a raison de le croire,
il faudrait que *notre génie* fût bien *à quia* pour que
nous puissions nous décider à puiser la moindre chose
dans son livre; nous avons eu soin de n'y puiser que
les erreurs qu'il était dans notre tâche de réfuter.

M. Mérat, p. 90, prétend qu'en lui reprochant une
erreur de détermination, à l'occasion du *Scirpus lepta-
lens* Koch, nous délivrons un brevet d'ignorance au
botaniste estimable qui le lui aurait communiqué; nous
répondrons que notre phrase ne peut regarder que
l'auteur de la Flore, seul responsable de la détermination des espèces qu'elle renferme. — Nous avons déjà
fait remarquer que M. Mérat, qui ne saurait trouver
dans notre ouvrage des expressions offensantes, nous
en prête volontiers, dans l'espoir de nous attirer le
blâme des hommes que nous respectons. — Nous citerons, comme un des plus curieux exemples, la phrase
suivante de M. Mérat, p. 107 : « Enfin MM. terminent
« leur glorieux travail phanérogamique par un soufflet
« à Linné, dont ils détruisent le *Lolium tenue* pour en
« faire une variété du *L. perenne* du même auteur,
« qui n'est guère plus respecté que nous dans le cours de
« leur *Catalogue*. Belle conclusion et digne de l'exorde. »
— On ne sait qu'admirer le plus ici, de l'invention *du
soufflet* à Linné ! ou de l'outrecuidance de M. Mérat
d'oser placer son nom à côté de celui du prince des
botanistes !

« Quand on n'est pas riche, dit M. Mérat, p. 94,

« on n'a pas le moyen de perdre, et nous reconnais-
« sons la pauvreté de MM. » Nous aurions bonne envie
de faire ici l'inventaire des richesses dont M. Mérat
étale si complaisamment les titres sur la couverture de
sa *Revue ;* mais nous pensons qu'*un examen appro-
fondi* de ces ouvrages aurait trop peu d'intérêt
pour la science. Nous croyons d'ailleurs avoir suffisamment *mis en lumière* les beautés littéraires et la
profondeur scientifique de la *Revue* et de la *Flore ;*
les *Eléments de botanique* sont entièrement à la même
hauteur. Nous ne doutons pas que la dissertation sur le
Tænia n'ait été digne du prix Monthyon ; quant au
volumineux ouvrage intitulé *Dictionnaire de théra-
peutique*, etc., si l'on en retranche les parties dont
s'est chargé M. De Lens et qu'il a traitées avec une
grande habileté, il ne reste qu'une compilation exé-
cutée sans discernement, où les jugements les plus
erronés et les opinions les plus contradictoires viennent
se heurter dans le même article.

M. Mérat, p. 83, à l'occasion de nos variétés *flui-
tans* des *Potamogeton*, ajoute en manière de moralité :
« Mais où ne mène pas le plaisir de la paternité dans la
« jeunesse? » Nous remarquerons que les velléités
dont parle M. Mérat ne sont pas toujours le partage
exclusif de la jeunesse, et qu'alors elles sont souvent
assez malencontreuses, et à l'appui de notre observation, nous citerons les *espèces nouvelles* que M. Mérat
a mises au jour dans sa Revue : — *Valerianella
hispidiuscula* (Mérat, Rev. p. 227), cette plante
n'est qu'une forme à tige légèrement hispide du
V. dentata Soyer-Will. — *Myosotis multiflora*

(Mérat, Rev. p. 204), cette plante fait double emploi avec la variété *strigulosa* du *M. palustris* L. — *Buplevrum ramosissimum* (Mérat, Rev. p. 253), l'auteur demande, après l'avoir décrit, si cette espèce ne serait pas *une déformation accidentelle* du *Buplevrum falcatum* L. — *Lepidium peregrinatorum* (Mérat, Rev. p. 273), cette plante, dit M. Mérat, se rapporte au *Lepidium campestre* L. par ses fruits et sa tige, mais elle en diffère par ses feuilles; malheureusement l'unique exemplaire de l'auteur est trop avancé et *conséquemment laisse désirer par son examen*; il se pourrrait, dit M. Mérat, que ce ne fût qu'*une déformation accidentelle*... L'auteur ajoute qu'à l'époque où il recueillit son unique échantillon, en 1815, au bois de Boulogne, dans l'allée de la reine Marguerite, « les ar« mées étrangères occupaient Paris, et des troupes « campaient dans ce bois, de sorte qu'elles ont pu ap« porter la graine de cette plante. »... — Comme M. Mérat, nous ne doutons guère que son *Buplevrum* et son *Lepidium* ne soient de simples *déformations accidentelles* d'espèces vulgaires; nous irons même plus loin en émettant la même hypothèse pour le *Senecio nitida* (Mérat, Rev. p. 249), et le *Cirsium oleraceo-eriophorum* (Mérat, Rev. p. 242). — Nous regretterions de voir chaque jour la synonymie des espèces s'encombrer de noms nouveaux de cette valeur, si les auteurs consciencieux n'étaient en général tacitement convenus de ne pas leur prêter la moindre attention et de les considérer comme non avenus.

Nous ne sommes pas encore assez versés dans l'étude de la Cryptogamie pour oser émettre une opinion sur les nouvelles découvertes cryptogamiques de M. Mérat, signalées dans la *Revue*; nous ne dirons donc rien du *Coprinus* (*Agaricus*) *prati. clericorum* (Mérat, Revue, p. 471). L'auteur de la Revue après l'avoir décrit assez longuement ajoute : « Ce champignon, qui « croît dans notre jardin, situé sur l'ancien *pré aux* « *clercs*, au printemps, et qui nous a paru distinct du « *C. radiatus*, doit peut-être sa naissance à l'engrais « de noir animal dont nous le fumons. » — Nous ne devons pas garder le même silence au sujet de l'une des créations cryptogamiques dont M. Mérat est le plus fier, le *Nemoursia tuberculata* (Mérat, Notice sur une hépatique, etc., fig.). Lors de notre unique visite à M. Mérat, il eut la bonté de nous montrer *les masses* de cette plante qu'il tenait *le pied dans l'eau*, et les *fructifications en paquets granuleux sous-épidermoïques*, etc., qu'elle portait. D'après l'étude que nous avons faite des échantillons dont M. Mérat a bien voulu nous faire part, il nous a été démontré que ces fructifications en *paquets sous-épidermoïques*, caractère sur lequel M. Mérat fonde le *Nemoursia*, n'étaient autre chose qu'une altération déterminée par des insectes; quelques-uns de ces *paquets granuleux* contenaient même des vibrions. Il résulte de cette observation que non seulement le *Nemoursia tuberculata* rentre dans le genre *Marchantia*, mais qu'il ne peut être séparé du *M. conica* L., dont il n'est que l'individu stérile déformé partiellement.

M. Mérat termine *son glorieux travail* par une notice sur les caractères distinctifs qui existent entre l'*Orchis latifolia* L. et l'*O. maculata* L. Cette notice *ne contient pas moins de 6 pages in-octavo en caractères assez serrés;* or aucun botaniste n'ignore que l'*O. latifolia* n'est pas moins facile à distinguer de l'*O. maculata*, que l'*Agaricus campestris* L. du *Cucurbita Pepo* L., et le Colibri du Mastodonte! (voir Rev. p. 72).

SUPPLÉMENT

AU

CATALOGUE RAISONNÉ

DES PLANTES VASCULAIRES

DES ENVIRONS DE PARIS (1).

DICOTYLÉDONES.

THALAMIFLORES.

Anemone ranunculoides. L. (2) — Creil ; Morfontaine (*Graves*). Vallée du Vieux-Moulin près Compiègne (*Lerc*).

---

(1) Nous avions pensé être à même de publier assez prochainement notre *Flore analytique et descriptive des environs de Paris* pour pouvoir nous dispenser de donner un supplément à notre *Catalogue raisonné*, lorsqu'une circonstance que nous ne pouvions prévoir vint modifier nos dispositions : M. Weddell, notre collaborateur pour le *Catalogue*, reçut au mois d'Avril 1843, la proposition de s'adjoindre à une expédition scientifique, dont la mission est de parcourir, pendant plusieurs années, les contrées les moins connues du Nouveau Monde. En présence d'une perspective si brillante, M. Weddell n'hésita pas à abandonner la Flore des environs de Paris, dont le travail nous fut dès lors exclusivement réservé. — Nous avions d'abord l'intention de mettre en œuvre les matériaux laissés par M. Weddell ; mais nous avons bientôt reconnu que ce travail de vérification, d'additions, de suppressions et de corrections, demandait plus de temps qu'un travail entièrement neuf, et c'est à ce dernier parti que nous nous sommes arrêtés ; nous aurons, du reste, le plus grand soin d'avertir des parties de l'ouvrage pour lesquelles il nous aura été possible de profiter de la collaboration de M. Weddell. — On conçoit aisément que le surcroît de travail occasionné par le départ de notre collaborateur a dû nécessairement retarder la publication de la Flore ; nous espérons cependant pouvoir achever notre tâche avant la fin de l'hiver, et nous trouver en mesure de faire paraître la Flore dans le courant de l'été prochain.

(2) Nous n'indiquons le degré de rareté que pour les espèces dé

— sylvestris. L. — Aumont près Senlis (*Graves*).

Adonis autumnalis. L. — Château-Frayé (*Adr. de Jussieu*). Etrépagny près Gisors!;Pithiviers! (*Woods*). Provins (*Des Etangs*).

— flammea. Jacq.— Mennecy (*Mandon*). Etrechy! Etampes! (*Woods*). Le Châtelet près Melun (*Garnier*). Pithiviers! Provins (*Des Etangs*).

Ranunculus hederaceus. L. — Guincourt près Beauvais (*Mandon*). Ermenonville; Méru; Thury-en-Valois (*Graves*).

— Petiveri. Koch, synops. fl. Germ. ed. 2. 13. (R. tripartitus. β. obtusiflorus. DC. syst.— R. hololeucos. Lloyd, mss.)— R. R. — Fontainebleau : mares de Bellecroix !

Feuilles inférieures submergées, multifides, à laciniures capillaires étalées et divergentes dans toutes les directions; les supérieures nageantes, orbiculaires-subréniformes, très profondément tripartites, à segments triangulaires-obovales, dentés, souvent profondément incisés. Stipules soudées au pétiole seulement dans leur tiers inférieur. Fleurs blanches, à pétales obovales. Etamines plus longues que le capitule des ovaires. Carpelles glabres à la maturité, terminés en pointe par le style persistant, insérés sur un réceptacle hérissé. ♃. Mai-Juill. — Mares, fossés, eaux tranquilles.

— tripartitus. DC. syst. I. 214.— R. R. — Fontainebleau : mares de Franchart (*Kralik*).

Le R. tripartitus DC. syst. var. α. micranthus, dont nous n'avions pas vu d'échantillons authentiques recueillis dans nos environs, lors de la publication de notre *Catalogue*, se distingue du R. Petiveri par ses carpelles plus

---

couvertes depuis la publication de notre *Catalogue raisonné*, ou pour celles dont de nouvelles localités constatées doivent modifier notre première indication. — Nous donnons quelques notes et quelques descriptions abrégées, mais suffisamment caractéristiques, pour les espèces non-décrites ou dont les caractères ont été exposés d'une manière incomplète dans les Flores des environs de Paris et dans celles des régions voisines, afin d'en faciliter la recherche.

gros, obtus, mutiques ou à peine mucronulés, par ses fleurs 2-4 fois plus petites, à pétales souvent un peu aigus dépassant peu le calice. — Ces deux espèces se distinguent du *R. aquatilis* L. par leurs stipules soudées au pétiole seulement dans leur tiers inférieur.

— gramineus. L. — Ermenonville (*Graves*).
— nemorosus. DC. — Bois-Louis près Melun ! Dourdan (*Maire*). ? Bois de Vincennes.
— chærophyllos. L. — Env. de la Tour des Anglais près Chatillon (*Figineix*). Lardy ; Dourdan (*Maire*). Malesherbes (*Bernard*).

Helleborus viridis. L. — Bois de Barbeau près le Châtelet (*Garnier*). Chérisy près Dreux (*Jacquet*). Hameau des Tartres près Compiègne (*Leré*). Ons-en-Bray (*Graves*).

Cette plante est assez abondante à ces localités, et peut y être regardée comme spontanée. Nous doutions de la spontanéité de cette espèce dans nos environs, lors de la publication de notre *Catalogue raisonné*, les localités que nous en connaissions alors étant, pour la plupart, dans le voisinage des habitations.

Eranthis hyemalis. Salisb. — R. R. — Yvors canton de Betz (*Graves*).

Aconitum Napellus. L. — R. R. — Marais de Fay près Chaumont ; Vauciennes ; environs de Crépy (*Graves*).

Actæa spicata. L. — Guiry, Banthélu et Halaincourt près Magny ! (*Bouteille*). Ermenonville ; St-Sauveur près Compiègne ; St-Germer (*Graves*). Gournay (*Mandon*).

Chelidonium majus. L. — *var.* β. laciniatum. (C. quercifolium. Thuill.). — R. R. R. — Versailles (*de Bouchemar*).

Cette variété remarquable se distingue aux segments des feuilles longuement pétiolulés et très-profondément pinnatipartites à lobes incisés et à ses pétales ord. incisés-crénelés.

Corydalis solida. Sm. — De Betz à Chantilly (*Graves*). Forêt de Compiègne et de l'Argue (*Leré*). Malesherbes (*Bernard*).

Fumaria micrantha. Lagasc. cat. hort. Madr. 21. (Benth. *in* Hook. ic. pl. T. 363. — F. prehensibilis. Kit. in hort.

Pesth. 10. — F. calycina. Babingt. Brit. sp. of Fum.).
— *A. C.* — Montmorency (*Des Étangs*, *Pailloux*).
Conflans-Ste-Honorine (*De Lens*). Meaux; Monthion.
Dourdan; Lardy (*Maire*). Luzarches (M⁰ *Lina M****).
Etampes! Bois-Louis près Melun! Itteville (*Mandon*).
Magny! (*Bouteille*). Etrépagny près Gisors! Chaumont! Mantes! Vernon! Les Andelys! Château-Thierry
(*De Lens*), etc.

    Feuilles bi-tripinnatiséquées, à divisions presque linéaires très-étroites. Fleurs nombreuses, en grappes denses; sépales orbiculaires-peltés, débordant largement la corolle et dépassant le tiers de sa longueur. Fruit globuleux, obtus. ⚥. Juin-Septembre. — Lieux cultivés, vignes, bord des chemins.

— capreolata. L. — Verrières (*Kralik*). Meaux (*Maire*).

Nasturtium anceps. Rchb. bot. Zeit. 1822. 197. (— ic. fl. Germ. f. 4364. — Sisymbrium anceps. Wahlenb. Suec. 419.) — *R.* — Grenelle (*Maire*).

    Cette plante, voisine du *N. sylvestre* R. Br., dont elle n'est peut-être qu'une variété très-remarquable, s'en distingue par ses feuilles lyrées, au moins les inférieures, et par ses siliques plus courtes n'égalant ord. que la moitié de la longueur du pédicelle.

Sisymbrium asperum. L. sp. 920. — *R. R. R.* — Bords de la Seine entre la Gare et le pont d'Ivry (*Mandon*).

    Feuilles glabres, pinnatipartites, à lobes oblongs, obtus, dentés; les radicales disposées en rosette. Fleurs petites, jaunes, portées sur des pédicelles épais très courts. Siliques un peu arquées, tuberculeuses-scabres, terminées par le style court. ⚇. — Lieux humides ou desséchés.

    Cette plante, qui n'a encore été trouvée qu'une seule fois dans nos environs, et dont on n'a rencontré qu'un petit nombre d'échantillons, a peut-être été apportée par les eaux à la localité que nous indiquons.

Conringia Orientalis. Andr.— Etrechy près Etampes! Le Châtelet (*Garnier*).

Diplotaxis muralis. DC. — *A. R.* — Calvaire; plaine St-Denis; Ile-Adam (*Maire*). Conflans-Ste-Honorine (*De Lens*)

Mantes! Les Andelys! Champagne! Beauvais (*Graves*).

Eruca sativa. Lam. — La Roche-Guyon (*Bouteille*).

Lepidium Draba. L. — Montreuil près Vincennes (*Leré*), Vallée de Chambourcy près St-Germain (*de Boucheman*).

Helianthemum Fumana. Mill. — Lardy ; La Ferté-Aleps (*Mandon*). Etampes! (*Woods*). Clairoix et St-Sauveur près Compiègne (*Leré*).

— Œlandicum. Wahlenb. Succ. 333. — *var.* incanum. (H. canum. Dunal, *ap.* DC. prodr. I 277. — H. marifolium. DC. fl Fr. IV. 817.) — *R.* — Vernon! Les Andelys au Château-Gaillard! et aux rochers St-Jacques!

Tiges sous-frutescentes, diffuses. Feuilles opposées brièvement pétiolées, elliptiques-oblongues, planes, blanches-tomenteuses à la face inférieure, vertes velues à la face supérieure, dépourvues de stipules. Fleurs jaunes, disposées en grappes terminales. Calice à 5 sépales. Style environ de la longueur de l'ovaire. ♄. Mai-Juillet. — Pelouses arides des coteaux et des rochers escarpés.

Viola Rothomagensis. Desf. — *R. R.* — Liancourt sous Clermont (*Graves*).

Depuis la publication de notre *Catalogue*, ayant eu occasion d'étudier cette plante à St. Adrien, près Rouen, où elle croît en abondance, nous avons pu nous convaincre que sa souche est vivace, contrairement à l'opinion que nous avions émise. Outre ce caractère, le *V. Rothomagensis* se distingue du *V. tricolor* L. par ses tiges et ses feuilles couvertes de poils hérissés et par le lobe moyen des stipules ord. entier.

Reseda Phyteuma. L. — Quincey près Provins (*Bouteiller*).

Drosera intermedia. Hayne. — Sérans!, Arthies près Magny (*Bouteille*).

Polygala Austriaca. Crantz (P. amara. L. *var.* α. parviflora. N. cat. rais.) — Champeuil près Mennecy (*Des Etangs*). Env. de Compiègne (*Leré, Pillot*).

Nous adoptons pour cette espèce le nom de *P. Austriaca*

à cause de l'incertitude qui règne au sujet du *P. amara* L. La description du *Species* semble devoir être rapportée à cette plante, et l'échantillon qui dans l'herbier de Linné représente son *P. amara* serait, d'après M. Weddell qui a pu l'étudier, le *P. amarella* Crantz.

Dianthus Caryophyllus. L. — Château-Gaillard aux Andelys !

— superbus. L. — St-Sauveur entre Braye et Donnemarie (*Schœnefeld*).

Silene noctiflora. L. sp. 599. — *R. R.* — Versailles (*de Boucheman*).

    Tige simple ou rameuse-dichotome, très-velue, visqueuse supérieurement. Feuilles obovales-oblongues, les supérieures lancéolées. Fleurs d'un rose pâle ou jaunâtre, en cyme pauciflore ou subsolitaires. Calice velu-visqueux ainsi que le pédoncule, oblong-subclaviforme, à dents subulées très-allongées. Pétales profondément bifides. ⊕ Juill.-Septembre. — Moissons des terrains argileux ou calcaires.

Lychnis sylvestris. Hoppe. — Luzarches (M⁰. *Lina M****). Sérans près Magny! (*Bouteille*). Beausseré près Gisors! (*Friom*). Chaumont! Beauvais (*Mandon*).

Cerastium brachypetalum. Desp. — *R.* — Versailles : porte du petit Montreuil ! Chaumont ! Vernon ! Nemours (*Devilliers*).

Linum montanum. DC. — Etampes; Pithiviers! (*Woods*).

Androsæmum officinale. All. — Bords de l'Aubette à Magny ! (*Bouteille*).

Geranium Pyrenaicum. L. — Chamarande près Etampes (*Maire*).

— lucidum. L. — St-Arnoult-en-Yvelines ; Dourdan (*Maire*). Lardy. Dreux (*Daënen*).

CALYCIFLORES.

Genista prostrata. Lam. Dict. II. 618. (G. Halleri. Reyn. mem. I. 211. ic.) — *R. R.* — Mantes !

    Sous-arbrisseau étalé-radicant, à rameaux diffus, pubescents, subcylindriques. Feuilles planes, oblongues-obovales, quelquefois mucronulées, velues-hérissées surtout à la face inférieure, longuement ciliées. Fleurs à pédicelle velu-hérissé, environ trois fois plus long que le calice, solitaires ou geminées, naissant du centre de fascicules de feuilles, espacées le long des rameaux ou disposées à leur extrémité en grappes lâches unilatérales. Corolle glabre. Légumes comprimés, velus. ♃. Fr. Juin. — Pelouses des coteaux arides.

— diffusa. Willd. sp. III. 942. — R. R. — Mantes !

Le *G. diffusa* se distingue du *G. prostrata* en ce qu'il est glabre dans toutes ses parties. Nous avons trouvé à Mantes ces deux plantes croissant ensemble sur le même coteau, et nous n'avons pas rencontré de formes intermédiaires ; on devrait peut-être cependant, à cause de l'analogie de leur port et le peu de valeur des caractères qui les séparent, les considérer, avec M. Spach, comme ne constituant que deux variétés d'une même espèce.

Medicago orbicularis. All. — Pithiviers ! (*Woods*). Féricy près le Châtelet (*Garnier*).

— Gerardi. W. K. — St-Maur (*Kralik*).

— apiculata. Willd. — *var.* β. denticulata. (M. denticulata. Willd.) — *A. R.* — Bois de Boulogne (*Maire*). Sceaux (*Kralik*). Les Loges près Versailles !

Cette plante se distingue du *M. apiculata* type par les épines du fruit ord. crochues au sommet, la plupart égalant ou dépassant en longueur la moitié du diamètre transversal du légume. Nous avons été amenés à ce rapprochement par les transitions nombreuses que nous avons été à même d'observer : ainsi nous avons rencontré, sur un même individu, les épines du fruit, droites, arquées ou crochues au sommet, les unes étaient courtes comme dans le *M. apiculata* type, les autres très-longues présentant les caractères attribués au *M. denticulata*.

Trigonella Monspeliaca. L. — Etampes (*Woods*). Malesherbes (*Bernard*).

Trifolium subterraneum. L. — Buc ! (*Mandon*). Forêt de Rougeaux (*Vigineix*).

— montanum. L. — Bois de Barbeau près le Châtelet (*Garnier*).

— strictum. L. — Rochers de la Darauderie près Nemours (*Devilliers*).

— glomeratum. L. — St-Martin-de-la-Roche près Etampes (*Woods*).

Vicia villosa. Roth, tent. fl. Germ. II. 182. (V. polyphylla. Waldst. et Kit. rar. Hungr. T. 254. *non* Desf.) — *var.* glabrescens. Koch. — *A. R.* — Sceaux ; Meudon ; Ville-d'Avray ; Lahy (*Maire*). St-Germain (*Mandon*). Luzarches (*De Lens*). St-Léger ! Magny ! Lardy (*Gay*). Fontainebleau (*De Lens*). Larchant (*Maire*). etc.

Cette plante, que nous signalons les premiers dans nos environs, a été confondue par la plupart des auteurs avec les *V. Cracca* et *tenuifolia* ; elle se distingue facilement de ces deux espèces par ses fleurs allongées étroites, dont l'étendard présente un rétrécissement environ vers son quart supérieur (étendard à onglet oblong deux fois plus long que le limbe), et par son légume beaucoup plus large de forme à peu près rhomboïdale.

— purpurascens. DC. — Gentilly (*De Lens*). Palaiseau (*Mandon*).

Lathyrus Nissolia. L. — Plaine St-Denis (*L****). Echou près le Châtelet (*Garnier*).

— palustris. L. — Gentilly (*Bastard, Vigineix*). Royaumont près Luzarches (*De Lens*). Pithiviers ! (*Woods*). Provins (*Bouteiller*).

Geum intermedium. Ehrh. Beitr. VI. 143. — *R. R. R.* — Env. de Gisors !

Fleurs jaunes ou d'un jaune rougeâtre, à pétales brièvement onguiculés, cunéiformes-obovales, arrondis au sommet. Calice pubescent, rougeâtre, à divisions étalées à la maturité. Capitule des carpelles sessile au fond du calice ; article terminal du style muni de longs poils dans sa moitié inférieure. ♃. Mai-Juill. — Bois et buissons humides ombragés.

Cette plante, intermédiaire par ses caractères et son port entre les *G. rivale* et *urbanum*, se distingue du *G. rivale* par le capitule des carpelles sessile au fond du calice et par son calice à divisions étalées horizontalement, etc., et du *G. urbanum* par cette direction horizontale et la coloration des divisions du calice et par l'article terminal du style muni de longs poils dans sa moitié inférieure, etc.

— rivale. L. — Beausséré près Gisors ! (*Friom*). Chaumont; Trie-le-Château; Beauvais (*Graves*).

Rubus fruticosus. L. — *var.* tomentosus. (R. tomentosus. Willd.) — Bourdoné près St-Léger (*Daenen*).

Comarum palustre. L. — Marais de St-Pierre et de Bretel près St-Germer (*Graves, Mandon*).

Potentilla verna. L. — *var.* β. umbrosa. — Etampes ! Fontainebleau (*Woods*). Dreux !

Cette variété remarquable se reconnaît à ses feuilles à folioles oblongues présentant de chaque côté 5-8 dents profondes.

— recta. L. — Vincennes (*Brice*). St-Maur (*Maire*).

Alchemilla vulgaris. L. — *R. R.* — Dépt de l'Oise : Halincourt près Parnes (*Graves*).

Amelanchier vulgaris. Mœnch. — Les Andelys !

Sedum hirsutum. All. — *R. R.* — Mondeville près La Ferté-Aleps (*Mandon*).
— dasyphyllum. L. — Paris : murs des quais vers le pont d'Austerlitz (*Vigineix*).
— sexangulare. L. — Provins (*Des Etangs*).

Chrysosplenium alternifolium. L. — *R. R.* — Ermenonville ; Yvors canton de Betz; l'Italienne près Beauvais; Batigny près Pierrefonds (*Graves*).
— oppositifolium. L. — Lancuville-en-Her; St-Vast-de-Longmont près Verberie ; Thury-en-Valois ; l'Italienne près Beauvais (*Graves*).

Cicuta virosa. L. — Liancourt ; pays de Bray (*Graves*). Pondron près Crépy (*Pillot, Leré*).

Sison segetum. L. — St-Maur (*Mandon*). Plaine St-Denis (*Vigineix*). Provins (*Des Étangs*).

Sium latifolium. L. — Montereau (*Weddell*). Blunay près Provins (*Bouteiller*).

Ammi majus. L. — Toussu (*Mandon*). Ile-Adam (*Maire*).

Bunium denudatum. DC. — Bois Yon près Dreux (*Daënen*).

Buplevrum aristatum. Bartling. — R. — Nemours (*Devilliers*). Malesherbes (*Bernard*).

    Cette espèce, nouvelle pour nos environs, se reconnaît aux caractères suivants : Plante annuelle ; tige rameuse ; feuilles caulinaires lancéolées-linéaires, acuminées, trinerviées ; involucelles dépassant très longuement les ombellules, à folioles herbacées elliptiques acuminées-aristées à nervures s'anastomosant entre elles ; fruits à vallécules lisses, très-brièvement pédicellés.

Libanotis montana. All. — Ile-Adam (*Maire*). Pont-St-Maxence (*Gay*). Vernon! Les Andelys! Chaumont! Beauvais (*Graves*).

Orlaya grandiflora. Hoffm. — Beauvais ; Compiègne ; Méru (*Graves*).

Rubia peregrina. L. — Lardy (*Maire*). Vernon! **Malesherbes** (*Bernard*). Beauvais (*Graves*).

Galium Harcynicum. Weig. obs. 15. — R. R. — Malesherbes (*Gay*). Marais de Bretel près St-Germer (*Graves*).

    Cette espèce, nouvelle pour nos environs, se distingue aux caractères suivants : tiges lisses, glabres, rameuses, étalées, redressées à la floraison ; feuilles verticillées 4-6, ord. à bords ciliés-scabres, à une seule nervure principale lisse, mucronées, les inférieures obovales, les supérieures lancéolées ou oblongues ; fleurs blanches, en inflorescence terminale paniculée ou corymbiforme ; corolle à lobes aigus non mucronés ; fruits chargés de tubercules granuleux. ♃. Juill.-Août. — Rochers, bords des bois, lieux tourbeux.

Valerianella eriocarpa. Desv. — R. — **Lardy** (*Maire*).

Tussilago Petasites. L. — Taille-Fontaine près Pierrefonds (*Leré*). Oulins (*Brou*). Provins (*Bouteiller*).

Micropus erectus. L. — Le Châtelet (*Garnier*). Chamarande (*Gay*). Etrechy ! Etampes ! Pithiviers ! (*Woods*).

Filago Jussiæi. N. ann. sc. nat. 1843. Novembr. et fig. — C. C. — Grenelle (*Maire*). Sceaux (*De Lens*). St-Maur ! (*Adr. de Jussieu*). Bièvre (*De Lens*). Versailles ! Luzarches (*De Lens*). Ris ! Corbeil ! Melun ! Le Châtelet ! Chamarande (*Decaisne, Gay*). Etampes ! Nemours ! Ermenonville (*Léveillé*). etc.

Tige plus ou moins irrégulièrement bi-trichotome. Feuilles espacées, un peu étalées, couvertes d'un tomentum soyeux, blanchâtres, très rarement d'un blanc jaunâtre, oblongues subobovales ou subspatulées, presque planes ou à bords un peu roulés en dessous. Capitules ovoïdes-coniques, non plongés dans un *tomentum* épais, distincts presque jusqu'à la base, réunis en glomérules denses terminaux et latéraux. *Glomérules* subhémisphériques, 8-15-céphales, plus rarement 20-céphales, *munis à la base d'un involucre composé de 3-4 feuilles dépassant les capitules*. Involucre à 5 angles aigus très saillants, séparés par des sinus profonds, s'entrouvrant lors de la dissémination des akènes en une étoile à 5 rayons, *composé ord. de 25 folioles subégales, disposées sur 5 rangs*, opposées et étroitement imbriquées, conformes, oblongues-lancéolées ou plus rarement oblongues-obovales, *cuspidées*, les intérieures ord. presque obtuses. ⊕. Juill.-Novembre. — Champs, moissons, lieux cultivés.

Nous comprendrions difficilement que cette espèce si caractérisée ait été jusqu'ici confondue avec le *F. Germanica* L., sans la difficulté que l'on éprouve quelquefois à déterminer certains échantillons sur le sec sans dissection préalable. Sur le vivant elle se distingue au premier coup d'œil du *F. Germanica*, par l'involucre foliacé des glomérules, par ses capitules non plongés dans un *tomentum* épais, deux fois plus gros, moins nombreux dans chaque glomérule, etc. — Nous renvoyons pour plus de détails aux *Annales des sciences naturelles*, où l'on trouvera la description complète du *F. Jussiæi*, et des notes sur les autres espèces du genre.

Logfia Gallica. N. ann. sc. nat. *loc. cit.* et fig. (Logfia subulata. Cass. — Filago Gallica. L.).

Nous avons admis le genre *Loyfia* Cassini, en le limitant toutefois autrement que son auteur, à cause du caractère important qui l'éloigne des *Filago* : les akènes marginaux sont complètement enfermés dans les folioles de l'involucre et sont caducs avec elles, tandis que dans le genre *Filago* tous les akènes sont libres.

Cineraria palustris. L. sp. 1243. — *R. R.* — Marais de St-Pierre-ès-Champs près St-Germer (*Graves*).

Tige épaisse molle, couverte d'une pubescence ord. étalée, laineuse supérieurement ainsi que les pédoncules. Feuilles inférieures rétrécies en pétiole, oblongues, plus ou moins profondément pinnatifides, rarement indivises sinuées ; les supérieures oblongues-lancéolées, sessiles, à base amplexicaule, entières, sinuées ou dentées. Capitules disposés en un corymbe plus ou moins irrégulier. Involucre velu. Fleurons d'un jaune pâle. Akènes glabres, marqués de côtes nombreuses. (1) ou (2) (DC.). Juin-Juillet.—Marais tourbeux.

Ormenis mixta. DC. (Ormenis bicolor. Cass.—Anthemis mixta. L.). — Bords de la Seine à Passy (*De Lens*).

Silybum Marianum. Gaertn. — *R. spont.* ou *nat.* — Château de Chevreuse ! Châteaufort (*Mandon*). Montagny près Nanteuil-le-Haudoin ; Senlis ; Liancourt ; Betz ; Boury ; Beauvais (*Graves*). Dreux (*Daënen*). Chaumont ! (*Friom*). Les Andelys !

Carduncellus mitissimus. DC.— Etrechy ! Etampes ! (*Woods*).

Centaurea Melitensis. L. sp. 1297. (C. Apula. Lam. Dict. 1. 674. (*syn. ex cl. Gay.* — *R. R. subsp.* — Fortifications du bois de Boulogne (*Bourgeau*). Gentilly (*Mandon*).

Cette espèce, propre à l'Europe méridionale, par ses feuilles caulinaires décurrentes, ses fleurons jaunes, ses involucres à folioles épineuses, se rapproche du *C. solstitialis* L. ; elle s'en distingue par ses capitules ord. groupés 2-3 au sommet des rameaux, et par les folioles intérieures de son involucre atténuées en une pointe épineuse dépourvue d'appendice membraneux, etc.

— Calcitrapa. L.— *var.* β. myacantha. (C. myacantha. DC.) — *R. R.* — Champ-de-Mars (*Gogot*). Oulins (*Brou*).

Nous réunissons au *C. Calcitrapa* le *C. myacantha* qui n'en diffère que par un arrêt de développement des épines de l'involucre. — M. le curé Brou et M. l'abbé Daënen, nos correspondants, ont semé, l'année dernière, quelques graines d'un échantillon de *C. myacantha* recueilli à Oulins, une seule a levé et a produit un *C. Calcitrapa* normalement développé.

Leontodon hispidum. L. — *var.* β. glabrum. (L. hastile. L.) — *R.* — Etampes ! Vernon ! Les Andelys!

Helminthia echioides. Gaertn. — *A. R.* — Romainville ; Pantin (*Brice*). La Barre près St-Denis; St-Maur (*Maire*). Bondy (*Bastard*). Luzarches (M^e. *Lina M***). Ris (*Maire*). Le Châtelet près Melun (*Garnier*). Oulins (*Brou*).

Sonchus oleraceus. L.

— asper. Vill.

C'est à tort que, dans notre *Catalogue raisonné*, nous avions réuni les *S. oleraceus* et *asper* ; l'examen d'un grand nombre d'échantillons, sur le vivant, nous a démontré depuis la constance du caractère tiré des akènes. Les côtes des akènes sont striées transversalement dans le *S. oleraceus*, elles sont lisses dans le *S. asper*.

— palustris. L. — La Croix-St-Ouen (*Pillot*). Monchy-Humières (*Lerc*).

Barkhausia setosa. DC. — **Les Loges près Versailles**! Rentilly près **Lagny** (*G. Thuret* in *Mérat, Rev.*). Malesherbes (Me *Lina M***).

Hieracium præaltum. Vill. — ? — Bourg-Fontaine près Villers-Cotterets (*Mérat, Rev.*).

Vaccinium Myrtillus. L. — *R.* — Neuville-au-Bosc; Senlis; forêt de Hallatte; Blacourt, Savignies, la Poterie près Beauvais (*Graves*). Arthies, Sérans près Magny! (*Bouteille*). Forêt de Compiègne (*Lerc*).

— Vitis-Idæa. L. — Bois de Glatigny près Beauvais (*Graves*).

Pyrola minor. L. — Marolles-sur-Ourcq (*Graves*).

COROLLIFLORES.

Exacum pusillum. DC. — Rentilly près Lagny (*G. Thuret*).

Verbascum nigrum. L. — Le Pecq près St-Germain (*Maire*). Vernon ! Les Andelys ! Dreux (*Daënen*).

— Blattaria. L. — var. β. blattarioides. (V. blattarioides. Lam.). — *A. R.*

Le grand nombre de transitions que nous avons observées entre les *V. Blattaria* et *blattarioides* nous engage à n'admettre ces deux plantes que comme des variétés d'une même espèce.

Scrophularia vernalis. L. — Cauly (*Lere*). Jonquières (*Pillot*). St-Germer (*Graves*).

Digitalis lutea. L. — Vaux-Praslin près Melun ! Le Châtelet (*Garnier*). Luzarches (M⁶ *Lina M****). Magny (*Bouteille*). Rosny près Mantes (*Daënen*). Vernon ! Les Andelys ! Dreux (*Daënen*). Compiègne (*Lere*). Liancourt ; Beauvais ; Méru (*Graves*). Gournay (*Mandon*).

var. β. hirsuta. — *R. R.* — Les Andelys !

Linaria Pelisseriana. Mill. — *A. R.* — Bois du Vésinet (*Kralik*). Bouray (*Lamothe, Vigineix*). Lardy (*Maire*). Etampes ! (*Woods*). Malesherbes (*Bernard*). Dourdan (*Maire*).

— arvensis. Desf. — Bois-Louis près Melun !

— striata. DC. — var. β. ochroleuca. — *R. R.* — Provins (*Bouteiller*).

Euphrasia lutea. L. — Orrouy près Crépy (*Lere*).

Orobanche cruenta. Bert. — Versailles (*Gay*). Fontainebleau (*Woods*). Mantes ! Fontenay-St-Père ! Les Andelys !

var. β. citrina. (O. concolor. Duby, Bot. Gall. 350?) — *R. R.* — Mantes ! Fontainebleau (*Woods*).

Cette plante d'un jaune citrin dans toutes ses parties

ne se distingue de l'*O. cruenta*, dont nous ne saurions la séparer autrement qu'à titre de variété, que par sa coloration seulement. A Fontainebleau et à Mantes elle croît aux mêmes localités que l'*O. cruenta* type, et y est parasite sur les mêmes espèces.

— Picridis. F. Schultz. — *R. R.* — Ste-Colombe près Provins (*Bouteiller, Des Étangs*).
— minor. Sutt. — *R. R.* — Les Andelys aux rochers St-Jacques !
— cœrulea. Vill. — Mantes ! Les Andelys !
— arenaria. Borkh. — *R. R.* — Entre Chamarande et Bonne (*Gay*). Etampes ! (*Woods*).

Hyssopus officinalis. L. — *R.* — Châteaufort près Versailles ! (*Mandon*). Château-sur-Epte (*Bouteille*).

Stachys alpina. L. — *R.* — Liancourt ; Beauvais ; Méru ; St-Just-en-Chaussée (*Graves*). Vernon ! (*Bouteille*). Chaumont ! Beausseré près Gisors ! (*Friom*). Forêt de Compiègne (*Lerc*). Gournay (*Mandon*).

Marrubium Vaillantii. N. ann. sc. nat. 1843. Novembr. et fig. — *R. R. R.* — Etrechy près Etampes !

Feuilles rugueuses, cunéiformes à la base, insensiblement atténuées en un long pétiole, *incisées-palmées au sommet*, à lobes inégaux, tomenteuses surtout en dessous ; les supérieures dépassant longuement les glomérules. Glomérules axillaires (verticilles) multiflores, munis de bractées subulées environ de la longueur du calice. Calice velu-laineux, à 10-12 divisions ou plus, subulées, glabres et courbées en crochet supérieurement. *Corolle* à tube muni d'un anneau de poils ; *à lèvre supérieure bifide, à lobes plus ou moins divergents*. ♃. Juillet-Août.—Bords des chemins, lieux incultes.

Nous n'avons trouvé que trois touffes de cette plante à la localité citée ; elle existait dans l'herbier de Vaillant conservé au Muséum. (Voir ann. sc. nat. *loc. cit.*).

MONOCHLAMYDÉES.

Rumex palustris. Sm. — Etang du Trou-Salé (*Maire*).

— maximus. Schreb. — Bords de l'Epte près Gisors !

— scutatus. L. — R. R. — Septeuil près Mantes (*Brou*). Morienval près Compiègne (*Lerc*).

Polygonum Bistorta. L. — Ons-en-Bray ; St-Germer (*Graves*).

Daphne Mezereum. L. — Buhy, Nucourt près Magny (*Bouteille*). Fontenay-St-Père ! Senlis ; Liancourt ; Beauvais ; Thury-en-Valois (*Graves*).

Euphorbia platyphyllos. L. — Bois de Vincennes (*Maire*). Machault près Melun (*Garnier*). Pierrefonds (*Graves*).

var. β. lanuginosa. — Essonne (*Kralik*). Malesherbes (*Bernard*).

— Esula. L. — R. — Valvins (*Woods*). Vernon ! Les Audelys !

Ulmus effusa. Willd. — Chantilly (*Graves*). Beaux-Monts, St-Corneille près Compiègne (*Lerc*).

Salix undulata. Ehrh. — R. — Charenton ! St-Maur (*Maire*). St-Germain !

— rubra. Huds. — A. R. — Grenelle ; Plessis-Piquet (*Maire*). Sceaux ! Asnières ! St-Germain ! Melun ! Etrechy ! Pithiviers !

Populus alba. L. — *var*. β. canescens. (P. canescens. Sm.). — C_3

L'étude d'un grand nombre d'individus vivants nous a démontré que les feuilles ovales-cordées subindivises attribuées aux jeunes rameaux du *P. canescens*, ne sauraient le faire considérer comme une espèce distincte du *P. albo*, à cause du grand nombre de transitions qui se rencontrent entre cette forme et celle des feuilles des jeunes rameaux du *P. alba* à 5 lobes plus ou moins profonds.

Betula pubescens. Ehrh. — A. R. — Versailles (*Sagot*). Sérans près Magny ! Vallée de Bray ; Beauvais (*Graves*).

Le *B. pubescens* se distingue du *B. alba* par ses feuilles présentant à la face inférieure des faisceaux de poils à l'angle de division des nervures, et par ses jeunes rameaux pubescents. M. Koch (*synops.*) décrit le fruit du *B. pubescens* comme obovale et égalant environ la largeur de l'aile membraneuse qui l'entoure, et celui du *B. alba* comme elliptique et n'égalant environ que la moitié de la largeur de l'aile membraneuse ; nous avons étudié ces caractères dans les deux plantes, sur un grand nombre d'échantillons, et ils ne nous ont pas paru très-constants. Ne devrait-on pas considérer le *B. pubescens* comme une variété pubescente du *B. alba* ?

Myrica Gale. L. — Vaux près Triel (*Mandon*). — plant. : Pierrefonds (*Leré*).

MONOCOTYLÉDONES.

Alisma natans. L. — Montfort-l'Amaury (*de Boucheman*). Forêt de Villefermoi (*Garnier*). Chérisy près Dreux (*Daënen*).

Potamogeton monogynum. Gay ! ined. (1) (P. tuberculatus. Guépin, fl. Maine-et-Loire, suppl. 2. — P. pusillum. auct.

---

(1) Nous devons à l'obligeance de M. Gay la communication de la description suivante, faite par lui, dès l'année 1832, sur des échantillons vivants récoltés par lui à Pirou (Manche) dans le ruisseau du Gavron à son entrée dans le marais Sémonville.

« POTAMOGETON MONOGYNUS. N.— *Caulis* dichotomè ramo-
« sissimus, omninò teres, neutiquàm compressus. *Folia* linearia, an-
« gustissima, plana, uninervia, acuta, basi eglandulosa, floralia op-
« posita, reliqua alterna. *Stipulæ* dimidiato-tubulosæ, caulem (ut
« in Potamogetonibus plerisque) vaginantes. *Spica* florens parva,

part.) — *A. C.* — Versailles ! Senart ! Rougeaux ! Le Châtelet ! etc.

Tige cylindrique, très-rameuse. Feuilles toutes submergées, membraneuses, transparentes, sétacées-linéaires, aiguës, 3-5-nerviées à nervures latérales peu marquées, sessiles, non embrassantes. Epi 4-6-flore, le florifère continu ou interrompu, le fructifère interrompu. Pédoncule fructifère 1-2 fois plus long que l'épi. Carpelles solitaires, très rarement géminés dans chaque fleur, ovoïdes-semilunaires, comprimés latéralement, à bord interne presque droit présentant au dessus de la base une dent gibbeuse, à dos très-convexe crénelé-tuberculeux. Style court, surmontant le bord interne du carpelle, à stigmate capité. ♃. Juin-Juill. — Mares, fossés, eaux stagnantes.

— pusillum. L. sp. 184. — *A. R.* — Corbeil ! Malesherbes ! St-Léger ! Dreux ! Troissereux près Beauvais (*Graves*). Nemours !

Le *P. pusillum* se distingue facilement du *P. monogynum*, par ses feuilles plus larges, ses épis fructifères moins interrompus, ses carpelles jamais solitaires dans chaque fleur, de moitié plus petits, irrégulièrement ovoïdes-elliptiques, à peine comprimés latéralement, à faces convexes, à bord interne plus ou moins convexe dépourvu de dent gibbeuse, à dos lisse, à style occupant le sommet du carpelle. — Le *P. pusillum* reste vert après la dessication, tandis que le *P. monogynum* noircit toujours plus ou moins.

Dans notre *Catalogue raisonné* nous avions, avec la plu-

« cylindracea, 1-2 lin. longa, 3-4-flora, densa, continua, non inter-
« rupta; fructifera laxa. *Perigonium* (ut in Potamogetone) qua-
« dripartitum, herbaceum, lobis erectis adpressis, unguiculatis,
« limbo elliptico-subrotundo. *Antheræ* (ut in Potamogetone) 4,
« sessiles, perigonii lobis oppositæ, iisque tectæ, magnæ, flavæ,
« didymæ, lobis ellipsoideis, rimâ longitudinali extrorsùm dehis-
« centibus Ovarium unicum, stigmate peltato subsessili. *Nux* com-
« pressa, inæqualiter elliptica, non carinata, angulo exteriore ar-
« cuato repando (seu obscuriùs tuberculato), interiore rectiore,
« suprà basin in gibbum elevato. — Variat perigonii segmentis et
« antheris ternis. Ovarium autem et carpellum semper solitarium. »
— Pirou, le 29 Juillet. 1832.

part des auteurs, confondu cette espèce avec le *P. monogynum*. Ne connaissant pas alors les carpelles du *P. pusillum*, qui fructifie assez rarement dans nos environs, il nous avait été impossible de délimiter ces deux espèces dont les caractères les plus importants sont tirés de cet organe.

var. β. graminifolium. (P. compressum. Mérat, rev. 172. *non* L.) — Plante plus robuste. Feuilles larges d'au moins 2 millimètres.

Orchis pyramidalis. L. — Fontenay-St-Père (*Guillon*). Chantilly (*Mandon*).

Limodorum abortivum. Sw. — R. — Le Châtelet (*Garnier*). Anet (*Daënen*). Halaincourt près Magny! (*Bouteille*). Fontenay-St-Père! Chaumont! (*Friom*). Lardy (*Maire*). Nemours (*Devilliers*).

Ophrys monorchis. L. — Aumont près Senlis ; Montmille près Beauvais ; Amblainville ; Grands-Monts près Compiègne (*Graves*). Gournay (*Mandon*).

Spiranthes autumnalis. Rich. — La Ferté-Aleps (*Gay*). Triel (*de Boucheman*). Sérans près Magny (*Bouteille*).

Cephalanthera ensifolia. Rich. — R. — Halaincourt près Magny ! Magny (*Bouteille*). St-Germer ; Méru (*Graves*). Provins (*Bouteiller*).

— rubra. Rich. — Compiègne (*Leré*). Les Andelys !

Malaxis Loeselii. Sw. — Pondron ; Feigneux (*Leré*).

Narcissus poeticus. L. — Le Châtelet (*Garnier*). Armainvilliers (*Maire*).

Galanthus nivalis. L. — Vaux près Creil ; Pierrefitte près Beauvais ; Clermont-Oise (*Graves*).

Tulipa sylvestris. L. — Les Thermes près la barrière du Roule (*J. Parseval*). Vitry-sur-Seine (*Martins*). Livry près Bondy (Vte. *de Forestier*). Savigny-sur-Orge (*Jamin*). Marissel près Beauvais ; St-Germer (*Graves*).

Phalangium Liliago. Schreb. — R. — Forêt de Compiègne (Lerc).

Gagea Bohemica. Schult. Syst. veg. VII. 549. — R. R. R. — Rochers de Poligny près Nemours (Devilliers).

Souche subglobuleuse, composée de deux bulbes dressés enfermés dans une tunique commune (Koch, synops.). Scape feuillée, uniflore, plus ou moins pubescente supérieurement. Feuilles radicales ord. au nombre de deux, canaliculées-filiformes, dépassant très-longuement la scape, les caulinaires alternes, les supérieures souvent lancéolées-acuminées. Divisions du périgone jaunâtres, pubescentes, elliptiques-oblongues, à sommet arrondi-obtus. Ovaire obcordé, à faces concaves (Koch, synops.). ♃. Février-Avril. — Rochers.

Cette plante que, depuis l'année 1854, M. Devilliers avait vainement cherchée plusieurs fois à la localité où il l'avait découverte, y a été retrouvée par lui cette année dans les premiers jours du mois de Mars.

Scilla bifolia. L. — Morfontaine; Thury-en-Valois; Méru; forêt de Hallatte; St-Germer; Rocquemont; Beauvais (Graves). Malesherbes (Bernard).

Allium fallax. Don. mon. 61. — R. R. — Bords de la Seine à Provins (Bouteiller).

Cette espèce, très généralement répandue dans les pays de montagnes, se distingue de toutes les autres espèces de nos environs par son rhizome horizontal portant les bulbes, sa scape anguleuse et ses étamines à filets simples dépassant le périgone.

Juncus bufonius. L. — var. β. fasciculatus. Koch. — Plaine St-Denis (Maire).

— capitatus. Weig. — R. — Luzarches (M* Lina M***). St-Léger (de Boucheman). Lardy (Maire). Malesherbes (Bernard, Woods).

Luzula maxima. DC. — Vernon!

Eriophorum vaginatum. L. — R. R. — St-Léger (Brice, de Boucheman).

Carex paradoxa. Willd. — Lardy (*Maire*).

— teretiuscula. Good. — Marais de Liancourt près Chaumont !

— canescens. L. — Bois du Parc près Beauvais (*Graves*).

— ericetorum. Poll. — Clairoix près Compiègne (*Leré*).

— digitata. L. — R. — Mont St-Marc, St-Sauveur (*Leré*), mont Collet près Compiègne (*Pillot*).

Andropogon Ischæmum. L. — Lardy (*Mandon*). Caumont près la Ferté-sous-Jouarre (*Adr. de Jussieu*). Provins (*Des Etangs*). Compiègne (*Leré*).

Tragus racemosus. Desf. — Etampes ! (*Woods*).

Sesleria cœrulea. Ard. — *A. R.* — Vaux près Creil (*Graves*). Oulins (*Brou*). Vernon ! Les Andelys ! Beauvais (*Mandon*).

Melica ciliata. L. — Vernon ! Les Andelys au Château-Gaillard et aux rochers St-Jacques !

Eragrostis megastachya. Link. — Mont Valérien (*Mandon*). St-Denis (*Maire*). La Ferté-Aleps (*Gay*). Fontainebleau (*Weddell*).

Gaudinia fragilis. Beauv. — St-Maur (*Mandon*).

Nardus stricta. L. — Vallée de Bray (*Graves*).

CRYPTOGAMES.

Botrychium Lunaria. Sw. — Gambais près Houdan (*Daénen*). Compiègne (*Leré*).

Polypodium calcareum. Sm. — Paris : Pont-Neuf ! Parc de Versailles (*P. Sagot*).

Polystichum aculeatum. Roth. — Ons-en-Bray (*Mandon*).

Lycopodium inundatum. L. — Étang de Grand-Moulin près Dampierre! Ons-en-Bray (*Graves*).

Equisetum hyemale. L. — R. R. — Etang-Neuf près St-Léger (*Jacquet*). Valvins (*Woods*).

ERRATA.

Page 7, *ligne* 13, Wedell, *lisez* Weddell.

SUPPLÉMENT A L'ERRATA DU CATALOGUE RAISONNÉ.

Page 18, *ligne* 5, 1798, *lisez* 1678.
— 19, — 7, (R. obtusiflorus, [*lisez:* (R. tripartitus. var. obtusiflorus.
— 22, — 2, *suppr.* Compiègne ! (*Leret*).
— 77, — 30, *suppr.* Fontainebleau (*Brice*).
— 85, — 26, *suppr.* Compiègne ! (*Leret*).
— 97, — 28, *suppr.* Compiègne (*Leret*).
— 107, — 24, (*Tab.* 37. *f.* 1). *lisez* (*T.* 7. *f.* 1).
— 117, — 11, ? St-Léger !, *lisez:* St-Leger.
— 145, — 9, Bondy !, *lisez:* Bondy.
— 151, — 10, Fontainebleau !, *lisez:* Fontainebleau.
— 151, — 25, *Engl. bot. T.* 1007 !, *lisez: Engl. bot. T.* 1070 !

Partout où on a mis (*Leret*), *lisez:* (*Lere*).

On lit, p. 4, éditions qui se sont succédé. — Nous croyons devoir maintenir l'orthographe du mot *succédé*, qui nous a été reprochée dans la *Revue*

LIBRAIRIE DE FORTIN, MASSON ET Cⁱᵉ
PLACE DE L'ÉCOLE-DE-MÉDECINE, 1.

BRONGNIART (A.). Énumération des genres de plantes cultivés au Muséum d'Histoire naturelle de Paris. *Paris*, 1843, 1 vol. grand in-18. . . . . 2 fr.

COSSON (E.) ET **GERMAIN** (E.). Observations sur quelques plantes critiques des environs de Paris. *Paris*, 1840, 1 vol. in-8. - Deux planches. . . . . 2 fr.

COSSON (E.), **GERMAIN** (E.) ET **WEDDELL** (A.). Introduction à une Flore analytique et descriptive des environs de Paris, suivie d'un catalogue raisonné des plantes vasculaires de cette région. *Paris*, 1842, 1 vol. grand in-18. . 2 fr.

DECAISNE. Essais sur une classification des Algues et des Polypiers Calcifères, suivis d'un mémoire sur les Corallines. 1 vol. grand in-8, cartonné, avec 4 planches gravées. *Paris*, 1843. . . . . 4 fr.

DE CANDOLLE. Prodromus systematis universalis regni vegetabilis. Tome I à VIII. . . . . 94 fr.
Le tome IX *paraîtra en août 1844.*

GAUDICHAUD (Cʜ.). Recherches générales sur l'organographie, la physiologie et l'organogénie des végétaux. *Paris*, 1841, 1 vol. grand in-4, papier vélin cartonné, avec 18 planches gravées et coloriées. . . . . 25 fr.

JUSSIEU (A. ᴅᴇ). Cours élémentaire de botanique. *Paris*, 1 fort vol. in-12, imprimé avec luxe, plus de 500 figures intercalées dans le texte. Ouvrage adopté par le conseil royal de l'instruction publique pour l'enseignement de l'histoire naturelle dans les établissements de l'Université. . . 6 fr.
Ce volume fait partie du cours élémentaire d'histoire naturelle, par MM Eᴅᴡᴀʀᴅs, Bᴇᴜᴅᴀɴᴛ, ᴅᴇ Jᴜssɪᴇᴜ. 3 vol.

LE MAOULT (E.) Leçons élémentaires de botanique fondées sur l'analyse de 50 plantes vulgaires et formant un traité complet d'organographie et de physiologie végétale. *Paris*, 1843. Un magnifique volume in-8, avec l'atlas des 50 plantes vulgaires et plus de 500 figures dessinées par J. Decaisne et gravées par les meilleurs artistes.
Prix : avec l'atlas en noir. . . . . 15 fr.
— colorié. . . . . 25 fr.

Pour paraître prochainement :

COSSON (E.) ᴇᴛ **GERMAIN** (E.) Flore analytique et descriptive des environs de Paris.

www.ingramcontent.com/pod-product-compliance
Lightning Source LLC
LaVergne TN
LVHW050625090426
835512LV00007B/677